PERSIAN TEXT OF THE POEMS IN

Faces of Love
Hafez and the Poets of Shiraz

Introduced and Translated by
Dick Davis

MAGE PERSIAN EDITIONS

Copyright 2012 Mage Publishers

All rights reserved.
No part of this book may be reproduced
or retransmitted in any manner whatsoever,
except in the form of a review, without the
written permission of the publisher.

Library of Congress Cataloging-in-Publication Data

A full CIP record of this book is available from the

Library of Congress

Print on Demand Paperback Edition
ISBN 13: 978-1933823-53-9
ISBN 10: 1-933823-53-4

Mage Persian Editions are available through the Internet or
directly from the publisher
202-342-1642 • as@mage.com • 800-962-0922
visit Mage online at www.mage.com

I0288448

www.ingramcontent.com/pod-product-compliance
Lightning Source LLC
Chambersburg PA
CBHW022005220426
43663CB00007B/973
* 9 7 8 1 9 3 3 8 2 3 5 3 9 *

متن فارسی شعرهای کتاب

Faces of Love:
Hafez and the Poets of Shiraz

MAGE PUBLISHERS

فهرست

حافظ شیراز 1

آنکه رخسار ترا رنگ گل و نسرین داد 74

اگر آن ترک شیرازی به دست آرد دل ما را 128

اگرچه باده فرح بخش و باد گلبیز ست 60

اگر شراب خوری جرعه ای فشان بر خاک 108

الا یا ایها السّاقی ادر کأساً و ناولها 10

المنّة لله که در میکده باز است 15

ای خرّم از فروغ رخت لاله زار عمر 94

ای دوست دل از جفای دشمن درکش 1

باشد ای دل که در میکده ها بگشایند 84

با می به کنار جوی می باید بود 133

برد از من قرار و طاقت و هوش 9

برو به کار خود ای واعظ این چه فریاد ست 18

بغیر از آنکه بشد دین و دانش از دستم 26

۷

22	بیا تا گل برافشانیم و می در ساغر اندازیم
62	تنت به ناز طبیبان نیازمند مباد
132	چون جامه ز تن برکشد آن مشکین خال
116	حاشا که من به موسم گل ترک می کنم
14	حال دل با تو گفتنم هوس است
124	حجاب چهرهٔ جان می شود غبار تنم
66	حسب حالی نوشتی و شد ایامی چند
20	خوش آمد گل و زان خوشتر نباشد
38	خوشتر ز عیش و صحبت و باغ و بهار چیست
56	دانی که چنگ و عود چه تقریر می کنند
46	درخت دوستی بنشان که کام دل به بار آرد
33	در عشقی کشیده ام که مپرس
104	دلا رفیق سفر بخت نیکخواهت بس
110	دلم ربودهٔ لولی وشیست شور انگیز
31	دوش آگهی ز یار سفر کرده داد باد
100	دوش پنهان گفت با من کاردانی تیزهوش
40	دوش دیدم که ملایک در میخانه زدند

44	دوش وقت سحر از غصه نجاتم دادند
70	دیریست که دلدار پیامی نفرستاد
102	راه است راه عشق که هیچش کناره نیست
112	رسید مژده که ایام غم نخواهد ماند
30	روز وصل دوستداران یاد باد
12	روی تو کس ندید و هزارت رقیب هست
4	زلف آشفته و خوی کرده و خندان لب و مست
42	سالها دل طلب جام جم از ما می‌کرد
92	شب قدر است و طی شد نامهٔ هجر
72	شراب بی‌غش و ساقیّ خوش دو دام رهند
32	شراب و عیش نهان چیست کار بی بنیاد
80	شکفته شد گل خمری و گشت بلبل مست
118	صبا به لطف بگو آن غزال رعنا را
54	صبا وقت سحر بوئی ز زلف یار می‌آورد
8	صحن بستان ذوق بخش و صحبت یاران خوش است
130	عشق بازیّ و جوانیّ و شراب لعل فام
53	عشق تو نهال حیرت آمد

132	عمری زپی مراد ضایع دارم
34	عیب رندان مکن ای زاهد پاکیزه سرشت
114	فاش می گویم و از گفتهٔ خود دلشادم
64	گداخت جان که شود کار دل تمام و نشد
106	گرچه بر واعظ شهر این سخن آسان نشود
88	گفتم غم تو دارم گفتا غمت سرآید
5	گل بی رخ یار خوش نباشد
16	گل در بر و می در کف و معشوقه به کام است
96	گلعذاری ز گلستان جهان ما را بس
86	ما بدین در نه پی حشمت و جاه آمده ایم
50	مرا به رندی و عشق آن فضول عیب کند
36	مزرع سبز فلک دیدم و داس مه نو
69	مژده ای دل که مسیحا نفسی می آید
120	مژدهٔ وصل تو کو کز سر جان برخیزم
82	مسلمانان مرا وقتی دلی بود
90	معاشران ز حریف شبانه یاد آرید
98	مقام امن و می بی غش و رفیق شفیق

48	من ترک عشق و شاهد و ساغر نمی‌کنم
132	من حاصل عمر خود ندارم جز غم
122	من دوستار روی خوش و موی لکشم
24	منم که گوشهٔ میخانه خانقاه من است
126	نفس باد صبا مشک فشان خواهد شد
68	نقد صوفی نه همه صافی بی‌غش باشد
52	نوش کن جام شراب یک منی
2	هر چند پیر و خسته دل و ناتوان شدم
133	هر دوست که دم زد از وفا دشمن شد
78	واعظان کاین جلوه در محراب و منبر می‌کنند
58	یاد باد آنکه سر کوی توام منزل بود
76	یاد باد آنکه نهانت نظری با ما بود
45	یارم چو قدح به دست گیرد
6	یاری اندر کس نمی‌بینیم یاران را چه شد
28	یوسف گم‌گشته باز آید به کنعان غم مخور

جهان ملک خاتون

193	از تهمت خصم نیستم آسوده
192	از دل نالم یا ز فلک یا ز فراق
188	از عمر عزیز حاصلم چیست بگو
189	اگر به بند زمانه کسی شود محبوس
161	الهی تو بگشا بلطفت دری
138	الهی تو بگشا دری از بهشت
149	ای برده آتش رخ تو آب و رنگ گل
185	ای دل بنشین و با غم یار بساز
188	ای دل به جهانت ار بود راز و نیاز
185	ای دلستم از یار جفا پیشه بسیست
190	ای دل گل روی یار دیدن چه خوش است
178	ای که پنداری که ما را جز تو یاری هست نیست
180	این جور و جفای چرخ تا چند
139	با درد تو درمان نپذیرد دل من
189	با ندیمان خوش وصحبت یاران لطیف

بر درد دلم طبیب ار آگاه شود	186
بگو چگونه دهم شرح آرزومندی	155
به باغ شد دل من صبحدم به گل چیدن	156
به رخ چون ماه تابانی به قد چون سرو آزادی	176
به عالم غیر تو یاری ندارم	170
به کنج مدرسه ای کز دلم خراب ترست	182
بیا بنشین مرو در خواب امشب	154
بیچاره کسی که از وطن دور شود	191
بیشتر خلق جهان در پی جاه و درمند	172
پروانه صفت پیش تو در پروازم	187
تا بر درت ای دوست مرا باری نیست	191
تا به چند آن غمزه از من دل ربایی می کند	173
تدبیر و صواب از دل خوش باید جست	190
تو تا کی همچو سرو از ما کشی سر	136
جانا چه باشد ار دل ما را دوا کنی	168
چرا به کار من ناتوان نپردازی	171
چرا کردی مرا از دل فراموش	174

152	خوابی خوش است اینکه شب دوش دیده‌ام
183	در باغ برهنه گشتی ای شاهد شنگ
140	در جوانی قدر خود نشناختم
183	در دیده خیال تست ما را همه جا
142	دلا در باغ حسنش عندلیبم
146	دلم همچون سر زلفت درهم
181	دوش در خواب چنان دید دو چشم بختم
186	زردم ز فراق روی دلدار چو شمع
187	زنهار بکوش تا توانی ای دل
135	شبها دراز بیشتر بیدارم
193	شیراز خوش است خاصه در فصل بهار
148	صبا باز آ که در مانم تو داری
164	عاقبت کار فروبسته خدا بگشاید
150	عهد کردم از این پس ندهم دل به خیال
158	گر آید نسیمی ز سوی نگار
144	گرم بوسی دهی از لعل پرنوش
182	گفتم که دگر چشم به دلبر نکنم

۱۴

گل رفت و وداع گل زجان باید کرد	181
گل گفت به خنده صبحدم با بلبل	192
مشکل که به درد عشق درمانم نیست	184
مگر با ما سر یاری نداری	163
من دوش قضا یار و قدر پشتم بود	184
نگارا رسم دلداری نداری	175
هرکه که گلی تازه به صبحم بنمود	139
هنوز از بادهٔ وصل تو مستم	177
یاد باد آنکه عزیزان همه باهم بودیم	166
یاری که همه میل دلش سوی وفا بود	162

عبید زاکانی — 195

افتاده ایم تنها در کنج بی نوایی	199
ای آن که بجز تو نیست فریادرسی	208
ای کیر گاه دیوی و گاهی فرشته ای	203
این کیر که از مناره شد بالاتر	204
این کیر که سرو جویبارکس توست	211

211	آمد رمضان و موسم باده برفت
210	برخیزم و چارهٔ خماری بکنم
206	بعد از چهلت نشاط چُستی نبود
213	پیش از این از ملک هر سالی مرا
208	جانا تو را هنوز بدین حسن و این جمال
203	خیزم سوی بازار گذاری بکنم
195	در علم و هنر مشو چو من صاحب فن
209	در عمر خود این طبیبک هرزه مقال
205	دل در پی وصل دلبران است هنوز
207	دی کردمش تواضعی با کِرَم
196	رفتم از خطّهٔ شیراز و به جان در خطرم
204	زر نیست که قصد کون نازی بکنیم
214	عبرت از عاقبت کار شاه شیخ ابواسحاق
198	قصّهٔ درد دل و غصّهٔ شب های دراز
206	قومی ز پی مذهب و دین می سوزند
212	کس بکری به دست شخصی افتاد
209	کس گفت که کیر را خوش انگیخته اند

کو عشرت شیراز و می اندہ سوز	207
کیرم که در این تموز شد تاب زده	210
گر آن مه را وفا بودی	202
مرا قرض هست و دگر هیچ نیست	205
موش و گربه	226
می کوش که تا زاهل نظر خوانندت	213
نسیم باد مصلّی و آب رکن آباد	200
هر چند که کون لطف و صفایی دارد	212

Index of English First Lines

HAFEZ 1

A BLACK MOLE GRACED HIS FACE; HE STRIPPED, AND SHONE 132
A CORNER OF THE WINE-SHOP IS 24
A FLOWER, WITHOUT A FRIEND'S FACE THERE, I THINK 5
A LOVING FRIEND, GOOD WINE, A PLACE SECURE 98
AH, GOD FORBID THAT I RELINQUISH WINE 116
ALTHOUGH OUR PREACHER MIGHT NOT LIKE 106
AT DAWN, UPON THE BREEZE, I CAUGHT 54
COME, BOY, AND PASS THE WINE AROUND — 10
COME, SO THAT WE CAN SCATTER FLOWERS 22
COME, TELL ME WHAT IT IS THAT I HAVE GAINED 26
DEAR FRIENDS, THAT FRIEND WITH WHOM WE ONCE 90
DESIRE'S DESTROYED MY LIFE; WHAT GIFTS HAVE I 132
DO YOU KNOW WHAT OUR HARPS AND LUTES ADVISE US, ... 56
DRINK WINE DOWN BY THE GLASSFUL, AND YOU'LL TEAR 52
EACH FRIEND TURNED OUT TO BE AN ENEMY, ... 133
FLIRTATIOUS GAMES, AND YOUTH, ... 130
FOR YEARS MY HEART INQUIRED OF ME 42
GO, MIND YOUR OWN BUSINESS, PREACHER! WHAT'S ALL 18
GOOD NEWS, MY HEART! THE BREATH OF CHRIST IS WAFTING HERE; . 69
GOOD NEWS! THE DAYS OF GRIEF AND PAIN 112
GOOD WINE, THAT DOESN'T STUPEFY, ... 72
HOWEVER OLD, INCAPABLE, ... 2
I SAID, "THE GRIEF I FEEL IS ALL FOR YOU"; 88
I SAW THE GREEN FIELDS OF THE SKY, ... 36
I SEE NO LOVE IN ANYONE, ... 6
I'LL SAY IT OPENLY, AND BE 114
I'VE KNOWN THE PAINS OF LOVE'S FRUSTRATION — AH, DON'T ASK!. . 33
IF THAT SHIRAZI TURK WOULD TAKE 128
IT IS THE NIGHT OF POWER, ... 92
LAST NIGHT I SAW THE ANGELS 40
LAST NIGHT SHE BROUGHT ME WINE, AND SAT BESIDE MY PILLOW; . . 4

LAST NIGHT THE WINE-SELLER, A MAN	100
LAST NIGHT, AT DAWN, IN MY DISTRESS, SALVATION	44
LAST NIGHT, NEWS OF MY DEPARTED FRIEND	31
LIFE'S GARDEN FLOURISHES WHEN YOUR	94
LOST JOSEPH WILL RETURN TO CANAAN'S LAND AGAIN	28
LOVE'S ROAD'S AN ENDLESS ROAD	102
MAY I REMEMBER ALWAYS WHEN	76
MAY YOUR DEAR BODY NEVER NEED	62
MILD BREEZE OF MORNING, GENTLY TELL	118
MOSLEMS, TIME WAS I HAD A HEART —	82
MY BODY'S DUST IS AS A VEIL	124
MY HEART WAS STOLEN BY A LOUT	110
MY HEART, GOOD FORTUNE IS THE ONLY FRIEND	104
MY LOVE FOR YOU IS LIKE A YOUTHFUL TREE	53
MY LOVE HAS SENT NO LETTER FOR	70
MY LOVE'S FOR PRETTY FACES,	122
NO ONE HAS SEEN YOUR FACE, AND YET	12
NOT EVERY SUFI'S TRUSTWORTHY, OR PURE IN SPIRIT	68
OF ALL THE ROSES IN THE WORLD	96
PERHAPS, MY HEART, THE WINE-SHOPS' DOORS	84
PLANT FRIENDSHIP'S TREE — THE HEART'S DESIRE	46
SWEET LIPS AND SILVER EARS — THAT IDOL'S ELEGANCE	9
THANKS BE TO GOD NOW THAT THE WINE-SHOP DOOR	15
THAT BUSYBODY CRITICIZES ME	50
THAT YOU'RE A PIOUS PRIG BY NATURE	34
THE MUSKY MORNING BREEZE	126
THE NIGHTINGALES ARE DRUNK, WINE-RED ROSES APPEAR,	80
THE ONE WHO GAVE YOUR LOVELY FACE ITS ROSY	74
THE ORCHARD CHARMS OUR HEARTS, AND CHATTER WHEN	8
THESE PREACHERS WHO MAKE SUCH A SHOW	78
THOSE DAYS WHEN LOVING FRIENDS WOULD MEET —	30
THOUGH WINE IS PLEASURABLE, AND THOUGH THE BREEZE	60
TO GIVE UP WINE, AND HUMAN BEAUTY? AND TO GIVE UP LOVE?	48
TO HAVE MY HEART ACHIEVE ITS GOAL	64
TO TELL YOU NOW MY POOR HEART'S STATE	14
WE HAVEN'T TRAVELED TO THIS DOOR	86
WELCOME, SWEET FLOWER, NO ONE'S	20

WHAT DOES LIFE GIVE ME IN THE END BUT	132
WHAT MEMORIES! I ONCE LIVED ON	58
WHAT'S ALL THIS HIDING HAPPINESS AND WINE AWAY?	32
WHAT'S SWEETER THAN A GARDEN AND GOOD TALK	38
WHEN MY LOVE LIFTS HIS GLASS,	45
WHEN YOU DRINK WINE, SPRINKLE.	108
WHERE IS THE NEWS WE'LL MEET, THAT FROM	120
WINE IN MY GLASS, AND ROSES IN MY ARMS	16
WITH WINE BESIDE A GENTLY FLOWING BROOK – THIS IS BEST	133
YOU'VE SENT NO WORD OF HOW YOU ARE	66

Jahan Malek Khatun 135

A HAPPY HEART'S THE PLACE FOR PLANS AND PIETY,	190
A PICNIC AT THE DESERT'S EDGE, WITH WITTY FRIENDS,	189
ALWAYS, WHATEVER ELSE YOU DO, MY HEART,	187
AT DAWN MY HEART SAID I SHOULD GO	156
COME HERE A MOMENT, SIT WITH ME, DON'T SLEEP TONIGHT	154
EACH NEW FLOWER OPENING IN THE MORNING LIGHT,	139
FROM NOW ON I HAVE SWORN	150
HAVE ALL YOUR FEELINGS FOR ME GONE?	163
HEART, IN HIS BEAUTY'S GARDEN, I –	142
HERE, IN THE CORNER OF A RUINED SCHOOL	182
HIS GLANCES TRAP MY HEART WITHIN THEIR SNARE,	173
HOW CAN I TELL YOU WHAT I WANT FROM YOU.	155
HOW LONG WILL HEAVEN'S HEARTLESS TYRANNY	180
HOW LONG WILL YOU BE LIKE	136
HOW SWEET SLEEP IS! I DREAMED I SAW	152
HOW SWEET THOSE DAYS WHEN WE WERE STILL	166
HOW WOULD IT BE, MY SOUL'S LOVE, IF YOU HEALED	168
I AM STILL DRUNK THAT YOU WERE HERE.	177
I DIDN'T KNOW MY VALUE THEN, WHEN I.	140
I FEEL SO HEART-SICK. SHOULD MY DOCTOR HEAR,	186
I KNOW YOU THINK THAT THERE ARE OTHER FRIENDS FOR ME THAN YOU:	178
I SWORE I'D NEVER LOOK AT HIM AGAIN	182
I TOLD MY HEART, "I CAN'T ENDURE THIS TYRANNY!	185

I'M LIKE THE MOTH THAT FLUTTERS ROUND A LIGHT,	187
IF I CAN'T EVEN GET BEYOND YOUR DOOR,	191
IF YOU SHOULD KISS ME WITH	144
IN ALL THE WORLD, MY LOVE,	170
IT WILL BE GOD WHO OPENS UP	164
LAST NIGHT I DREAMED I SAW WITH FORTUNE'S EYES	181
LAST NIGHT, MY LOVE, MY LIFE, YOU LAY WITH ME,	184
LAUGHING, THE ROSE SAID TO THE NIGHTINGALE ONE DAY,	192
MOST PEOPLE IN THE WORLD WANT POWER AND MONEY,	172
MY ENEMIES' GLIB LIES ARE NEVER DONE —	193
MY FRIEND, WHO WAS SO KIND AND FAITHFUL ONCE	162
MY HEART IS TANGLED LIKE THICK CURLS	146
MY HEART WILL TAKE NO DRUG TO DULL THIS PAIN,	139
MY HEART, IF YOU HAVE WORDS YOU NEED TO SAY,	188
MY HEART, SIT DOWN, WELCOME LOVE'S PAIN,	185
MY LOVE'S AN ACHE NO OINTMENTS CAN ALLAY NOW;	184
O GOD, BE KIND, AND OPEN WIDE YOUR DOOR,	161
O GOD, I BEG YOU, OPEN WIDE	138
PITY THE WRETCH, FORCED FROM HER NATIVE LAND,	191
SHALL I COMPLAIN OF ABSENCE? OF MY HEART? OR OF THE SKIES?	192
SHIRAZ WHEN SPRING IS HERE —	193
SUPPOSE A BREEZE SHOULD BRING TO ME	158
SWEET BREEZE RETURN TO ME, YOU BEAR.	148
THE ROSES HAVE ALL GONE; "GOODBYE," WE SAY; WE MUST;	181
TO SEE THE BLOSSOM OF HIS FACE, MY HEART — HOW SWEET;	190
WHAT HAS THIS LIFE WE LONG FOR GIVEN ME? TELL ME.	188
WHAT PLEASURE EQUALS THIS?	193
WHEN SOMEONE IS IMPRISONED FOR A WHILE.	189
WHEREVER MY EYES LOOK I SEE YOUR IMAGE THERE,	183
WHY IS IT YOU NEGLECT ME SO? WHY IS IT	171
WHY, IN YOUR HEART, HAVE YOU FORGOTTEN ME.	174
YOU DON'T KNOW HOW YOU OUGHT TO TREAT A LOVER,	175
YOU WANDERED THROUGH MY GARDEN, NAKED AND ALONE.	183
YOUR FACE IS LIKE A SHINING SUN	176
YOUR FACE USURPS THE FIERY GLOW AND HUE	149
YOUR FACE'S ABSENCE LEAVES MINE WAXY-WHITE,	186

Obayd-e Zakani 195

AFTER FORTY YOUR SPRIGHTLY DAYS ARE DONE,	206
ALTHOUGH THE ASS CAN BE ENTICING AND ATTRACTIVE	212
AN INDIVIDUAL FUCKED WITH ALL HIS MIGHT	212
CAT AND MOUSE	216
DEVIL, AND THEN ANGEL — IS IT THE SAME YOU?	203
HER PUSSY HAD THE KINDNESS TO INVITE	207
HERE IN OUR CORNER, WRETCHED AND UNDONE,	199
I'D LIKE A BOY TO FUCK — BUT I CAN'T PAY;	204
I'LL FIX THIS HANGOVER, THEN FIND A WHORE	210
I'M OFF TO STROLL THROUGH THE BAZAAR — AND THERE	203
I'VE DEBTS, AND NOTHING ELSE: ENDLESS	205
I'VE SET OUT FROM SHIRAZ, I'VE PUT	196
IF THAT FULL MOON WERE TRUE AND GOOD,	202
IT'S SUMMER, AND MY PRICK'S TOO HOT TODAY,	210
MY HEART STILL HANKERS AFTER HER,	205
MY HURT HEART'S TALES, MY NIGHTS' TRAVAILS, AH, WHERE	198
MY PRETTY DEAR, YOU'RE STILL TOO YOUNG TO MAKE	208
MY PRICK'S A CYPRESS THAT GROWS TALL AND STRAIGHT	211
O GOD, SOLE HELP OF MEN IN MISERY,	208
PUSSY REMARKED, "THIS PRICK'S A MASTERPIECE,	209
RAMADAN'S COME — THE TIME FOR PASSING WINE AROUND	211
SOME ARE ON FIRE FOR FAITH'S SAKE, SOME TO SEE	206
THE BREEZE OF MOSALLA, AND ROKNABAD'S	200
THE LESSON TO BE LEARNED FROM THE END OF KING SHEIKH ABU ES'HAQ	214
THIS NONSENSE-SPOUTING DOCTOR COULDN'T SEE	209
THIS TOOL OF MINE THAT'S TALLER THAN OUR MINARET	204
TRY HARD TO HAVE MEN MAKE A FUSS OF YOU	213
WELL, ONCE UPON A TIME, IN DRIBS AND DRABS,	213
WHERE IS SHIRAZ'S WINE, THAT BURNED OUR GRIEF	207

Hafez

ای دوست دل از جفای دشمن درکش
با روی نکو شراب روشن درکش
با اهل هنر گوی گریبان بگشای
وز نا اهلان تمام دامن درکش

HOWEVER OLD, INCAPABLE,

هر چند پیر و خسته دل و ناتوان شدم

هرگه که یاد روی تو کردم جوان شدم

شکر خدا که هر چه طلب کردم از خدا

بر منتهای همّت خود کامران شدم

ای گلبن جوان بر دولت بخور که من

در سایهٔ تو بلبل باغ جهان شدم

اوّل ز تحت و فوق وجودم خبر نبود

در مکتب غم تو چنین نکته دان شدم

قسمت حوالتم به خرابات می کند

چندان که اینچنین شدم و آنچنان شدم

من پیر سال و ماه نی ام یار بی وفاست
برمن چو عمر می گذرد پیر از آن شدم

زان روز بر دلم در معنی گشوده شد
کز ساکنان درگه پیر مغان شدم

در شاهراه دولت سرمد به تخت بخت
با جام می به کام دل دوستان شدم

از آن زمان که فتنهٔ چشمت به من رسید
ایمن ز شرّ فتنهٔ آخر زمان شدم

دوشم نوید داد عنایت که حافظا
باز آ که من به عفو گناهت ضمان شدم

LAST NIGHT SHE BROUGHT ME WINE, AND SAT BESIDE MY PILLOW;

زلف آشفته و خوی کرده و خندان لب و مست

پیرهن چاک و غزلخوان و صراحی در دست

نرگسش عربده جوی و لبش افسوس کنان

نیم شب دوش به بالین من آمد بنشست

سر فراگوش من آورد و به آواز حزین

گفت کای عاشق دیرینهٔ من خوابت هست

عارفی را که چنین ساغر شبگیر دهند

کافر عشق بود گر نبود باده پرست

برو ای زاهد و بر دردکشان خرده مگیر

که ندادند جز این تحفه به ما روز الست

آنچه او ریخت به پیمانهٔ ما نوشیدیم

اگر از خمر بهشت است و گر از بادهٔ مست

خندهٔ جام می و زلف گره گیر نگار

ای بسا توبه که چون توبهٔ حافظ بشکست

A FLOWER, WITHOUT A FRIEND'S FACE THERE, I THINK

گل بی رخ یار خوش نباشد
بی باده بهار خوش نباشد

طرف چمن و طواف بستان
بی لاله عذار خوش نباشد

رقصیدن سرو و حالت گل
بی صوت هَزار خوش نباشد

با یار شکرلب خوش اندام
بی بوس و کنار خوش نباشد

باغ گل و مل خوش است لیکن
بی صحبت یار خوش نباشد

هر نقش که دست عقل بندد
جز نقش نگار خوش نباشد

جان نقد محقّرست حافظ
از بهر نثار خوش نباشد

I SEE NO LOVE IN ANYONE,

یاری اندر کس نمی بینیم یاران را چه شد
دوستی کی آخر آمد دوستداران را چه شد

آب حیوان تیره گون شد خضر فرّخ پی کجاست
گل بگشت از رنگ خود باد بهاران را چه شد

کس نمی گوید که یاری داشت حق دوستی
حق شناسان را چه حال افتاد یاران را چه شد

شهرِ یاران بود و خاک مهربانان این دیار
مهربانی کی سرآمد شهریاران را چه شد

لعلی از کان مروّت برنیامد سالهاست
تابش خورشید وسعی باد و باران را چه شد

گوی توفیق و کرامت در میان افکنده اند
کس به میدان در نمی آید سواران را چه شد

صد هزاران گل شکفت و بانگ مرغی برنخاست
عندلیبان را چه پیش آمد هزاران را چه شد

زهره سازی خوش نمی سازد مگر عودش بسوخت
کس ندارد ذوق مستی میگساران را چه شد

حافظ اسرار الهی کس نمی داند خموش
از که می پرسی که دور روزگاران را چه شد

THE ORCHARD CHARMS OUR HEARTS, AND CHATTER WHEN

صحن بستان ذوق بخش و صحبت یاران خوش است
وقت گل خوش باد کز وی وقت میخواران خوش است

از صبا هر دم مشام جان ما خوش می‌شود
آری آری طیب انفاس هواداران خوش است

ناگشوده گل نقاب آهنگ رحلت ساز کرد
ناله کن بلبل که گلبانگ دل افگاران خوش است

مرغ شب‌خوان را بشارت باد کاندر راه عشق
دوست را با نالهٔ شبهای بیداران خوش است

نیست در بازار عالم خوشدلی ور زانکه هست
شیوهٔ رندی و خوشباشی عیّاران خوش است

از زبان سوسن آزاده‌ام آمد به گوش
کاندرین دیر کهن کار سبکباران خوش است

حافظ ترک جهان گفتن طریق خوشدلیست
تا نپنداری که احوال جهانداران خوش است

SWEET LIPS AND SILVER EARS — THAT IDOL'S ELEGANCE

برد از من قرار و طاقت و هوش
بتی، شیرین لبی، سیمین بناگوش

نگاری، چابکی، شنگی، پریوش
حریفی، مهوشی، ترکی قباپوش

ز تاب آتش سودای عشقش
بسان دیگ دایم می زنم جوش

چو پیراهن شوم آسوده خاطر
گرش همچون قبا گیرم در آغوش

اگر پوسیده گردد استخوانم
نگردد مهرش از جانم فراموش

دل و دینم، دل و دینم، ببرده ست
بر و دوشش، بر و دوشش، بر و دوش

دوای تو، دوای توست حافظ
لب نوشش، لب نوشش، لب نوش

COME, BOY, AND PASS THE WINE AROUND –

الا یا ایّها السّاقی ادر کأساً و ناولها
که عشق آسان نمود اول ولی افتاد مشکلها

به بوی نافه‌ای کاخر صبا زان طرّه بگشاید
ز تاب زلف مشکینش چه خون افتاد در دلها

به می سجاده رنگین کن گرت پیر مغان گوید
که سالک بی‌خبر نبود ز راه و رسم منزلها

مرا در منزل جانان چه امن عیش چون هر دم
جرس فریاد می‌دارد که بربندید محملها

شب تاریک و بیم موج و گردابی چنین هائل
کجا دانند حال ما سبکباران ساحلها

همه کارم ز خود کامی به بدنامی کشید، آری
نهان کی ماند آن رازی کز آن سازند محفلها

حضوری گر همی خواهی از و غایب مشو حافظ
متی ما تلق من تهوی دع الدنیا و اهملها

NO ONE HAS SEEN YOUR FACE, AND YET

روی تو کس ندید و هزارت رقیب هست

درغنچه‌ای هنوز و صدت عندلیب هست

هر چند دورم از تو که دور از تو کس مباد

لیکن امید وصل توام عن قریب هست

گر آمدم به کوی تو چندان غریب نیست

چون من درین دیار هزاران غریب هست

عاشق که شد که یار به حالش نظر نکرد

ای خواجه درد نیست وگرنه طبیب هست

درعشق خانقاه و خرابات فرق نیست

هر جا که هست پرتو روی حبیب هست

آنجا که کار صومعه را جلوه می دهند

ناموس دیر راهب و نام صلیب هست

فریاد حافظ این همه آخر به هرزه نیست

هم قصّه ای غریب و حدیثی عجیب هست

TO TELL YOU NOW MY POOR HEART'S STATE

حال دل با تو گفتنم هوس است
خبر دل شنفتنم هوس است

طمع خام بین که قصّهٔ فاش
از رقیبان نهفتنم هوس است

شب قدری چنین عزیز و شریف
با تو تا روز خفتنم هوس است

وه که دُر دانه‌ای چنین نازک
در شب تار سفتنم هوس است

ای صبا امشبم مدد فرمای
که سحرگه شکفتنم هوس است

از برای شرف به نوک مژه
خاک راه تو رُفتنم هوس است

همچو حافظ به رغم مدّعیان
شعر رندانه گفتنم هوس است

THANKS BE TO GOD NOW THAT THE WINE-SHOP DOOR

المنة لله که در میکده باز است
زان رو که مرا بر در او روی نیاز است

خمها همه در جوش و خروشند ز مستی
وان می که در آنجاست حقیقت نه مجاز است

از وی همه مستی و غرور است و تکبّر
وز ما همه بیچارگی و عجز و نیاز است

رازی که بر غیر نگفتیم و نگوئیم
با دوست بگوئیم که او محرم راز است

شرح شکن زلف خم اندر خم جانان
کوته نتوان کرد که این قصّه دراز است

بار دل مجنون و خم طرّهٔ لیلی
رخسارهٔ محمود و کف پای ایاز است

بر دوخته‌ام دیده چو باز از همه عالم
تا دیدهٔ من بر رخ زیبای تو باز است

در کعبهٔ کوی تو هر آن کس که در آید
از قبلهٔ ابروی تو در عین نماز است

ای مجلسیان سوز دل حافظ مسکین
از شمع بپرسید که در سوز و گداز است

WINE IN MY GLASS, AND ROSES IN MY ARMS

گل در بر و می در کف و معشوقه به کام است
سلطان جهانم به چنین روز غلام است

گو شمع میارید درین جمع که امشب
در مجلس ما ماه رخ دوست تمام است

در مذهب ما باده حلال است ولیکن
بی روی تو ای سرو گل اندام حرام است

در مجلس ما عطر میامیز که ما را
هر لحظه ز گیسوی تو خوشبوی مشام است

گوشم همه بر قول نی و نغمهٔ چنگ است
چشمم همه بر لعل لب و گردش جام است

از چاشنی قند مگو هیچ و ز شکّر
زان رو که مرا در لب شیرین تو کام است

تا گنج غمت در دل ویرانه مقیم است
همواره مرا کنج خرابات مقام است

از ننگ چه گوئی که مرا نام ز ننگ است
وز نام چه پرسی که مرا ننگ ز نام است

میخواره و سرگشته و رندیم و نظرباز
وان کس که چو ما نیست درین شهر کدام است

با محتسبم عیب مگوئید که او نیز
پیوسته چو ما در طلب عیش مدام است

حافظ منشین بی می و معشوقه زمانی
کایام گل و یاسمن و عید صیام است

GO, MIND YOUR OWN BUSINESS, PREACHER! WHAT'S ALL

برو به کار خود ای واعظ این چه فریادست
مرا فتاد دل از ره ترا چه افتادست

به کام تا نرساند مرا لبش چون نای
نصیحت همه عالم به گوش من بادست

میان او که خدا آفریده است از هیچ
دقیقه ایست که هیچ آفریده نگشادست

گدای کوی تو از هشت خلد مستغنیست
اسیر بند تو از هر دو عالم آزادست

اگر چه مستی عشقم خراب کرد ولی
اساس هستی من زان خراب آبادست

دلا منال ز بیداد و جور یار که یار
ترا نصیب همین کرده است و این داد ست

برو فسانه مخوان و فسون مدم حافظ
کزین فسانه و افسون مرا بسی یادست

WELCOME, SWEET FLOWER, NO ONE'S

خوش آمد گل و زان خوشتر نباشد

که در دستت به جز ساغر نباشد

زمان خوشدلی دریاب و دریاب

که دایم در صدف گوهر نباشد

غنیمت دان و می خور در گلستان

که گل تا هفتهٔ دیگر نباشد

ایا پرلعل کرده جام زرّین

ببخشا بر کسی کش زر نباشد

بیا ای شیخ و در خمخانهٔ ما

شرابی خور که در کوثر نباشد

بشوی اوراق اگر همدرس مائی

که علم عشق در دفتر نباشد

ز من بنیوش و دل در شاهدی بند
که حسنش بستهٔ زیور نباشد

شرابی بی خمارم بخش یا رب
که با وی هیچ درد سر نباشد

کسی گیرد خطا بر نظم حافظ
که هیچش لطف در گوهر نباشد

من از جان بندهٔ سلطان اویسم
اگرچه یادش از چاکر نباشد

به تاج عالم آرایش که خورشید
چنین زیبندهٔ افسر نباشد

COME, SO THAT WE CAN SCATTER FLOWERS

بیا تا گل برافشانیم و می در ساغر اندازیم
فلک را سقف بشکافیم و طرحی نو در اندازیم

اگر غم لشکر انگیزد که خون عاشقان ریزد
من و ساقی به هم تازیم و بنیادش براندازیم

شراب ارغوانی را گلاب اندر قدح ریزیم
نسیم عطرگردان را شکر در مجمر اندازیم

چو در دست است رودی خوش بگو مطرب سرودی خوش
که دست افشان غزل خوانیم و پاکوبان سر اندازیم

صبا، خاک وجود ما بدان عالی جناب انداز
بود کان شاه خوبان را نظر بر منظر اندازیم

یکی از عقل می‌لافد یکی طامات می‌بافد
بیا کاین داوری‌ها را به پیش داور اندازیم

بهشت عدن اگر خواهی بیا با ما به میخانه
که از پای خمت روزی به حوض کوثر اندازیم

سخن دانی و خوش خوانی نمی‌ورزند در شیراز
بیا حافظ که تا خود را به ملکی دیگر اندازیم

A CORNER OF THE WINE-SHOP IS

منم که گوشهٔ میخانه خانقاه من است
دعای پیر مغان ورد صبحگاه من است

گرم ترانهٔ چنگ صبوح نیست چه باک
نوای من به سحر آه عذرخواه من است

ز پادشاه و گدا فارغم بحمدالله
کمین گدای در دوست پادشاه من است

غرض ز مسجد و میخانه ام وصال شماست
جز این خیال ندارم خدا گواه من است

از آن زمان که برین آستان نهادم روی
فراز مسند خورشید تکیه گاه من است

مگر به تیغ اجل خیمه بر کنم ور نی
رمیدن از در دولت نه رسم و راه من است

گناه اگرچه نبود اختیار ما حافظ
تو در طریق ادب کوش و گو گناه من است

☙

COME, TELL ME WHAT IT IS THAT I HAVE GAINED

بغیر از آنکه بشد دین و دانش از دستم
بیا بگو که ز عشقت چه طرف بربستم

اگرچه خرمن عمرم غم تو داد به باد
به خاک پای عزیزت که عهد نشکستم

چو ذرّه گرچه حقیرم ببین به دولت عشق
که در هوای رخت چون به مهر پیوستم

بیار باده که عمریست تا من از سرِ امن
به کنج عافیت از بهر عیش ننشستم

اگر ز مردم هشیاری ای نصیحت گوی
سخن به خاک میفکن چرا که من مستم

چگونه سر ز خجالت برآورم بر دوست
که خدمتی بسزا برنیامد از دستم

بسوخت حافظ و آن یار دلنواز نگفت
که مرهمش بفرستم چو خاطرش خستم

LOST JOSEPH WILL RETURN TO CANAAN'S LAND AGAIN

یوسف گمگشته بازآید به کنعان غم مخور
کلبهٔ احزان شود روزی گلستان غم مخور

این دل غمدیده حالش به شود دل بد مکن
وین سر شوریده بازآید به سامان غم مخور

دور گردون گر دو روزی بر مراد ما نبود
دایما یکسان نباشد کار دوران غم مخور

گر بهار عمر باشد باز بر تخت چمن
چتر گل در سر کشی ای مرغ خوشخوان غم مخور

ای دل ار سیل فنا بنیاد هستی برکند
چون ترا نوح است کشتیبان ز طوفان غم مخور

هان مشو نومید چون واقف نئی از سرّ غیب
باشد اندر پرده بازیهای پنهان غم مخور

در بیابان گر ز شوق کعبه خواهی زد قدم
سرزنشها گر کند خار مغیلان غم مخور

گرچه منزل بس خطرناک است و مقصد بس بعید
هیچ راهی نیست کان را نیست پایان غم مخور

حال ما در فرقت جانان و ابرام رقیب
جمله می‌داند خدای حال گردان غم مخور

حافظا در کنج فقر و خلوت شبهای تار
تا بود وردت دعا و درس قرآن غم مخور

THOSE DAYS WHEN LOVING FRIENDS WOULD MEET —

روز وصل دوستداران یاد باد
یاد باد آن روزگاران یاد باد

کامم از تلخی غم چون زهر گشت
بانگ نوش شادخواران یاد باد

گرچه یاران فارغ‌اند از یاد من
از من ایشان را هزاران یاد باد

مبتلا گشتم درین بند و بلا
کوشش آن حق‌گزاران یاد باد

گرچه صد رودست در چشمم مدام
زنده رود و باغ کاران یاد باد

راز حافظ بعد ازین ناگفته ماند
ای دریغا رازداران یاد باد

LAST NIGHT, NEWS OF MY DEPARTED FRIEND

دوش آگهی ز یار سفرکرده داد باد
من نیز دل به باد دهم هرچه باد باد
کارم بدان رسید که همراز خود کنم
هر شام برق لامع و هر بامداد باد
در چین طرّهٔ تو دل بی‌حفاظ من
هرگز نگفت مسکن مألوف یاد باد
امروز قدر پند عزیزان شناختم
یارب روان ناصح ما از تو شاد باد
خون شد دلم به یاد تو هرکه در چمن
بند قبای غنچهٔ گل می‌گشاد باد
از دست رفته بود وجود ضعیف من
صبحم به بوی وصل تو جان باز داد باد
حافظ نهاد نیک تو کامت برآورد
جانها فدای مردم نیکو نهاد باد

WHAT'S ALL THIS HIDING HAPPINESS AND WINE AWAY?

شراب وعیش نهان چیست کار بی بنیاد
زدیم برصف رندان و هرچه بادا باد

گره ز دل بگشا وز سپهر یاد مکن
که فکر هیچ مهندس چنین گره نگشاد

زانقلاب زمانه عجب مدار که چرخ
ازین فسانه هزاران هزار دارد یاد

قدح به شرط ادب گیر زانکه ترکیبش
ز کاسهٔ سر جمشید و بهمن است و قباد

که آگه است که کاووس و کی کجا رفتند
که واقف است که چون رفت تخت جم برباد

ز حسرت لب شیرین هنوز ببینم
که لاله می دمد از خون دیدهٔ فرهاد

مگر که لاله بدانست بیوفائی دهر
که تا بزاد و بشد جام می ز کف ننهاد

بیا بیا که زمانی ز می خراب شویم
مگر رسیم به گنجی درین خراب آباد

نمی دهند اجازت مرا به سیر و سفر
نسیم باد مصلّی و آب رکن آباد

قدح مگیر چو حافظ مگر به نالهٔ چنگ
که بسته‌اند برابریشم طرب دل شاد

I'VE KNOWN THE PAINS OF LOVE'S FRUSTRATION – AH, DON'T ASK!

در دِ عشقی کشیده ام که مپرس

دُرد هجری چشیده ام که مپرس

گشته ام در جهان و آخر کار

دلبری برگزیده ام که مپرس

آنچنان در هوای خاک درش

می رود آب دیده ام که مپرس

من به گوش خود از دهانش دوش

سخنانی شنیده ام که مپرس

سوی من لب چه می گزی که مگوی

لب لعلی گزیده ام که مپرس

بی تو در کلبهٔ گدائی خویش

رنجهائی کشیده ام که مپرس

همچو حافظ غریب در رهٔ عشق

به مقامی رسیده ام که مپرس

THAT YOU'RE A PIOUS PRIG BY NATURE

عیب رندان مکن ای زاهد پاکیزه سرشت
که گناه دگری بر تو نخواهند نوشت

من اگر نیکم و گر بد تو برو خود را کوش
هر کسی آن درود عاقبت کار که کشت

همه کس طالب یارند چه هشیار و چه مست
همه جا خانهٔ عشق است چه مسجد چه کنشت

سر تسلیم من و خشت در میکده‌ها
مدّعی گر نکند فهم سخن گو سر و خشت

ناامیدم مکن از سابقهٔ لطف ازل
تو پس پرده چه دانی که که خوب است و که زشت

نه من از خلوت تقوی به در افتادم و بس
پدرم نیز بهشت ابد از دست بهشت

گر نهادت همه این است زهی نیک نهاد
ور سرشتت همه این است زهی خوب سرشت

حافظا روز اجل گر به کف آری جامی
یکسر از کوی خرابات برو تا به بهشت

I SAW THE GREEN FIELDS OF THE SKY,

مزرع سبز فلک دیدم و داس مه نو
یادم از کشتهٔ خویش آمد و هنگام درو

گفتم ای بخت بخسبیدی و خورشید دمید
گفت با این همه از سابقه نومید مشو

آنچنان رو شب رحلت چو مسیحا به فلک
کز چراغ تو به خورشید رسد صد پرتو

تکیه بر اختر شب دزد مکن کاین عیّار
تخت کاووس ببرد و کمر کیخسرو

گوشوار زر و لعل ارچه گران دارد گوش
دور خوبی گذران است نصیحت بشنو

چشم بد دور ز خال تو که در عرصهٔ حسن
بیدقی راند که برد از مه و خورشید گرو

آسمان گو مفروش این عظمت کاندر عشق
خرمن مه به جوی خوشهٔ پروین به دو جو

آتش زهد و ریا خرمن دین خواهد سوخت
حافظ این خرقهٔ پشمینه بینداز و برو

WHAT'S SWEETER THAN A GARDEN AND GOOD TALK

خوشتر ز عیش و صحبت و باغ و بهار چیست
ساقی کجاست گو سبب انتظار چیست

هر وقتِ خوش که دست دهد مغتنم شمار
کس را وقوف نیست که انجام کار چیست

پیوند عمر بسته به مویست هوش دار
غمخوار خویش باش غم روزگار چیست

معنیِ آب زندگی و روضهٔ ارم
جز طرف جویبار و می خوشگوار چیست

مستور و مست هر دو چو از یک قبیله‌اند
ما دل به عشوهٔ که دهیم؟ اختیار چیست

راز درون پرده چه داند فلک، خموش
ای مدّعی، نزاع تو با پرده دار چیست

سهو و خطای بنده گرش هست اعتبار

معنی لطف و رحمت پروردگار چیست

زاهد شراب کوثر و حافظ پیاله خواست

تا در میانه خواستهٔ کردگار چیست

دوش دیدم که ملایک در میخانه زدند

گل آدم بسرشتند و به پیمانه زدند

ساکنان حرم ستر و عفاف ملکوت

با من راه‌نشین بادهٔ مستانه زدند

آسمان بار امانت نتوانست کشید

قرعهٔ کار به نام من دیوانه زدند

جنگ هفتاد و دو ملّت همه را عذر بنه

چون ندیدند حقیقت ره افسانه زدند

شکر آن را که میان من و او صلح افتاد

حوریان رقص‌کنان ساغر شکرانه زدند

آتش آن نیست که بر شعلهٔ او خندد شمع
آتش آن است که در خرمن پروانه زدند

کس چو حافظ نکشید از رخ اندیشه نقاب
تا سر زلف سخن را به قلم شانه زدند

FOR YEARS MY HEART INQUIRED OF ME

سالها دل طلب جام جم از ما می‌کرد
آنچه خود داشت ز بیگانه تمنا می‌کرد

گوهری کز صدف کون و مکان بیرون است
طلب از گمشدگان ره دریا می‌کرد

مشکل خویش بر پیر مغان بردم دوش
کاو به تأیید نظر حلّ معمّا می‌کرد

دیدمش خرّم و خوشدل قدح باده به دست
وندران آینه صدگونه تماشا می‌کرد

گفتم این جام جهان بین به تو کی داد حکیم
گفت آن روز که این گنبد مینا می‌کرد

گفت آن یار کزو گشت سر دار بلند
جرمش این بود که اسرار هویدا می‌کرد

فیض روح القدس ار باز مدد فرماید
دیگران هم بکنند آنچه مسیحا می‌کرد

گفتمش زلف چو زنجیر بتان از پی چیست
گفت حافظ گله‌ای از دل شیدا می‌کرد

LAST NIGHT, AT DAWN, IN MY DISTRESS, SALVATION

دوش وقت سحر از غصّه نجاتم دادند
وندر آن ظلمت شب آب حیاتم دادند

بیخود از شعشعهٔ پرتو ذاتم کردند
باده از جام تجلّی صفاتم دادند

چه مبارک سحری بود و چه فرخنده دمی
آن شب قدر که این تازه براتم دادند

بعد ازین روی من و آینهٔ وصف جمال
که در آنجا خبر از جلوهٔ ذاتم دادند

من اگر کامروا گشتم و خوشدل چه عجب
مستحق بودم و اینها به زکاتم دادند

هاتف آن روز به من مژدهٔ این دولت داد
که بر آن جور و جفا صبر و ثباتم دادند

همّت حافظ و انفاس سحرخیزان بود
که ز بند غم ایام نجاتم دادند

WHEN MY LOVE LIFTS HIS GLASS,

یارم چو قدح به دست گیرد
بازار بتان شکست گیرد

در پاش فتاده‌ام به زاری
آیا بود آن که دست گیرد

در بحر فتاده‌ام چو ماهی
تا یار مرا به شست گیرد

هرکس که بدید چشم او گفت
کو محتسبی که مست گیرد

خرّم دل او که همچو حافظ
جامی ز می الست گیرد

PLANT FRIENDSHIP'S TREE – THE HEART'S DESIRE

درخت دوستی بنشان که کام دل به بار آرد
نهال دشمنی برکن که رنج بی شمار آرد

چو مهمان خراباتی به عزّت باش با رندان
که درد سر کشی جانا گرت مستی خمار آرد

شب صحبت غنیمت دان که بعد از روزگار ما
بسی گردش کند گردون بسی لیل و نهار آرد

عماری دار لیلی را که مهد ماه در حکم است
خدایا در دل اندازش که بر مجنون گذار آرد

بهار عمر خواه ای دل وگرنی این چمن هر سال
چو نسرین صد گل آرد بار و چون بلبل هزار آرد

خدا را چون دل ریشم قراری بست با زلفت
بفرما لعل نوشین را که حالش با قرار آرد

درین باغ ار خدا خواهد دگر پیرانه سر حافظ
نشیند بر لب جوئی و سروی در کنار آرد

TO GIVE UP WINE, AND HUMAN BEAUTY? AND TO GIVE UP LOVE?

من ترک عشق و شاهد و ساغر نمی کنم
صد بار توبه کردم و دیگر نمی کنم

باغ بهشت و سایهٔ طوبی و قصر حور
با خاک کوی دوست برابر نمی کنم

تلقین و درس اهل نظر یک اشارت است
گفتم کنایتی و مکرّر نمی کنم

هرگز نمیشود ز سر خود خبر مرا
تا در میان میکده سر بر نمی کنم

ناصح به طنز گفت حرام است می مخور
گفتم به چشم و، گوش به هر خر نمی کنم

Faces of Love • 48

شیخم به طیره گفت که رو ترک عشق کن
محتاج جنگ نیست برادر نمی‌کنم

این تقوی‌ام تمام که با شاهدان شهر
ناز و کرشمه بر سر منبر نمی‌کنم

حافظ جناب پیر مغان جای دولت است
من ترک خاک بوسی این در نمی‌کنم

THAT BUSYBODY CRITICIZES ME

مرا به رندی و عشق آن فضول عیب کند
که اعتراض بر اسرار علم غیب کند

کمال صدق محبّت ببین نه نقص گناه
که هر که بی هنر افتد نظر به عیب کند

ز عطر حور بهشت آن نفس بر آید بوی
که خاک میکدهٔ ما عبیر جیب کند

چنان بزد ره اسلام غمزهٔ ساقی
که اجتناب ز صهبا مگر صهیب کند

کلید گنج سعادت قبول اهل دل است
مباد کس که درین نکته شکّ و ریب کند

شبان وادی ایمن گهی رسد به مراد
که چند سال به جان خدمت شعیب کند

ز دیده خون بچکاند فسانهٔ حافظ
چو یاد وقت زمان شباب و شیب کند

DRINK WINE DOWN BY THE GLASSFUL, AND YOU'LL TEAR

نوش کن جام شراب یک منی
تا بدان بیخ غم از دل برکنی

دل گشاده دار چون جام شراب
سرگرفته چند چون خمّ دَنی

چون ز جام بیخودی رطلی کشی
کم زنی از خویشتن لاف منی

سنگ سان شو در قدم نی همچو ابر
جمله رنگ آمیزی و تردامنی

دل به می دربند تا مردانه وار
گردن سالوس و تقوی بشکنی

خیز و جهدی کن چو حافظ تا مگر
خویشتن در پای معشوق افکنی

MY LOVE FOR YOU IS LIKE A YOUTHFUL TREE

عشق تو نهال حیرت آمد

وصل تو کمال حیرت آمد

بس غرقهٔ حال وصل کاخر

هم با سر حال حیرت آمد

نه وصل بماند و نه واصل

آنجا که خیال حیرت آمد

یک دل بنما که در ره او

بر چهره نه خال حیرت آمد

از هر طرفی که گوش کردم

آواز سؤال حیرت آمد

سر تا قدم وجود حافظ

در عشق نهال حیرت آمد

AT DAWN, UPON THE BREEZE, I CAUGHT

صبا وقت سحر بوئی ز زلف یار می آورد
دل دیوانهٔ ما را به نو در کار می آورد

من آن شکل صنوبر را ز باغ سینه برکندم
که هر گل کز غمش بشکفت محنت بار می آورد

ز بیم غارت عشقش دل اندر خون رها کردم
ولی می ریخت خون و ره بدان هنجار می آورد

فروغ ماه میدیدم ز بام قصر او روشن
که روی از شرم آن خورشید در دیوار می آورد

به قول مطرب و ساقی برون رفتم گه و بیگه
کز آن راه گران قاصد خبر دشوار می آورد

سراسر بخشش جانان طریق لطف و احسان بود
اگر تسبیح می فرمود و گر زنار می آورد

عجب می داشتم دیشب ز حافظ جام و پیمانه
ولی بحثی نمی کردم که صوفی وار می آورد

عفاالله چین ابرویش اگرچه ناتوانم کرد
به عشوه هم پیامی بر سر بیمار می آورد

DO YOU KNOW WHAT OUR HARPS AND LUTES ADVISE US,

دانی که چنگ و عود چه تقریر می کنند
پنهان خورید باده که تکفیر می کنند

گویند رمز عشق مگوئید و مشنوید
مشکل حکایتیست که تقریر می کنند

ناموس عشق و رونق عشّاق می برند
منع جوان و سرزنش پیر می کنند

ما ازبرون در شده مغرور صد فریب
تا خود درون پرده چه تدبیر می کنند

تشویش وقت پیر مغان می دهند باز
این سالکان نگر که چه با پیر می کنند

صد آب رو به نیم نظر می توان خرید
خوبان درین معامله تقصیر می کنند

Faces of Love • 56

قومی به جدّ و جهد نهادند وصل دوست
قومی دگر حواله به تقدیر می‌کنند

فی الجمله اعتماد مکن بر ثبات دهر
کاین کارخانه‌ایست که تغییر می‌کنند

می ده که شیخ و حافظ و مفتی و محتسب
چون نیک بنگری همه تزویر می‌کنند

WHAT MEMORIES! I ONCE LIVED ON

یاد باد آنکه سرکوی توام منزل بود
دیده را روشنی از خاک درت حاصل بود

راست چون سوسن و گل از اثر صحبت پاک
در زبان بود مرا هرچه ترا در دل بود

دل چو از پیر خرد نقل معانی می کرد
عشق می گفت به شرح آنچه بر او مشکل بود

در دلم بود که بی دوست نباشم هرگز
چه توان کرد که سعی من و دل باطل بود

دوش بر یاد حریفان به خرابات شدم
خم می دیدم خون در دل و سر در گل بود

بس بگشتم که بپرسم سبب درد فراق
مفتی عقل درین مسئله لایعقل بود

راستی خاتم فیروزهٔ بو اسحاقی
خوش درخشید ولی دولت مستعجل بود

دیدی آن قهقههٔ کبک خرامان حافظ
که ز سرپنجهٔ شاهین قضا غافل بود

THOUGH WINE IS PLEASURABLE, AND THOUGH THE BREEZE

اگرچه باده فرح بخش و باد گلبیزست
به بانگ چنگ مخور می که محتسب تیز است
صراحیی و حریفی گرت به چنگ افتد
به عقل نوش که ایام فتنه انگیز است
در آستین مرقّع پیاله پنهان کن
که همچو چشم صراحی زمانه خونریز است
ز رنگ باده بشوئیم خرقه ها در اشک
که موسم ورع و روزگار پرهیز است
سپهر برشده پرویزنیست خون افشان
که ریزه اش سر کسری و تاج پرویز است

Faces of Love • 60

مجوی عیش خوش از دور واژگون سپهر
که صاف این سرخم جمله دردی آمیز است

عراق و پارس گرفتی به شعر خوش حافظ
بیا که نوبت بغداد و وقت تبریز است

MAY YOUR DEAR BODY NEVER NEED

تنت به ناز طبیبان نیازمند مباد
وجود نازکت آزردهٔ گزند مباد

سلامت همه آفاق در سلامت تست
به هیچ عارضه شخص تو دردمند مباد

بدین چمن چو درآید خزان یغمائی
رهش به سروِ سهی قامت بلند مباد

دران بساط که حسن تو جلوه آغاز د
مجال طعنهٔ بدبین و بدپسند مباد

کمال صورت و معنی ز امن و صحّت تست
که ظاهرت دژم و باطنت نژند مباد

هرانکه روی چو ماهت به چشم بد بیند

بر آتش تو بجز چشم او سپند مباد

شفا ز گفتهٔ شکّرفشان حافظ جوی

که حاجتت به علاج گلاب و قند مباد

TO HAVE MY HEART ACHIEVE ITS GOAL

گداخت جان که شود کار دل تمام و نشد
بسوختیم درین آرزوی خام و نشد

فغان که در طلب گنجنامهٔ مقصود
شدم خراب جهانی ز غم تمام و نشد

دریغ و درد که در جست و جوی گنج حضور
بسی شدم به گدائی بر کرام و نشد

به لابه گفت شبی میر مجلس تو شوم
شدم به رغبت خویشش کمین غلام و نشد

پیام داد که خواهم نشست با رندان
بشد به رندی و دردی کشیم نام و نشد

دران هوس که به مستی ببوسم آن لب لعل

چه خون که در دلم افتاد همچو جام و نشد

به کوی عشق منه بی دلیل راه قدم

که من به خویش نمودم صد اهتمام و نشد

هزار حیله برانگیخت حافظ از سر فکر

دران هوس که شود آن نگار رام و نشد

YOU'VE SENT NO WORD OF HOW YOU ARE

حسب حالی ننوشتی و شد ایامی چند
محرمی کو که فرستم به تو پیغامی چند

ما بدان مقصد اعلی نتوانیم رسید
هم مگر پیش نهد لطف شما گامی چند

چون می از خم به سبو رفت و گل افکند نقاب
فرصت عیش نگه‌دار و بزن جامی چند

قند آمیخته با گل نه علاج دل ماست
بوسه‌ای چند برآمیز به دشنامی چند

زاهد از کوچهٔ رندان به سلامت بگذر
تا خرابت نکند صحبت بدنامی چند

عیب می جمله چو گفتی هنرش نیز بگو
نفی حکمت مکن از بهر دل عامی چند

ای گدایان خرابات خدا یارشماست
چشم اِنعام مدارید ز اَنعامی چند

پیر میخانه چه خوش گفت به دُردی کش خویش
که مگو حال دل سوخته با خامی چند

حافظ از شوق رخ مهر فروغ تو بسوخت
کامگارا نظری کن سوی ناکامی چند

NOT EVERY SUFI'S TRUSTWORTHY, OR PURE IN SPIRIT

نقد صوفی نه همه صافی بی‌غش باشد
ای بسا خرقه که شایستهٔ آتش باشد

صوفی ما که ز ورد سحری مست شدی
شامگاهش نگران باش که سرخوش باشد

خوش بود گر محک تجربه آید به میان
تا سیه روی شود هر که در او غش باشد

نازپرورد تنعّم نبرد راه به دوست
عاشقی شیوهٔ رندان بلاکش باشد

غم دنیّ دنی چند خوری باده بخواه
حیف باشد دل دانا که مشوّش باشد

خط ساقی گر از این گونه زند نقش بر آب
ای بسا رخ که به خونابه منقّش باشد

دلق و سجّادهٔ حافظ ببرد باده فروش
گر شراب از کف آن ساقی مهوش باشد

Faces of Love • 68

GOOD NEWS, MY HEART! THE BREATH OF CHRIST IS WAFTING HERE;

مژده ای دل که مسیحا نفسی می آید
که ز انفاس خوشش بوی کسی می آید
از غم هجر مکن ناله و فریاد که دوش
زده ام فالی و فریادرسی می آید
زآتش وادی ایمن نه منم خرّم و بس
موسی آنجا به امید قبسی می آید
هیچکس نیست که در کوی تواش کاری نیست
هرکس آنجا به طریق هوسی می آید
کس ندانست که منزلگه معشوق کجاست
این قدر هست که بانگ جرسی می آید
دوست را گر سر پرسیدن بیمار غم است
گو بران خوش که هنوزش نفسی می آید
خبر بلبل این باغ بپرسید که من
ناله ای می شنوم کز قفسی می آید
یار دارد سر آزردن حافظ یاران
شاهبازی به شکار مگسی می آید

Hafez • 69

MY LOVE HAS SENT NO LETTER FOR

دیریست که دلدار پیامی نفرستاد
ننوشت کلامی و سلامی نفرستاد

صد نامه فرستادم و آن شاهِ سواران
پیکی ندوانید و پیامی نفرستاد

سوی من وحشی صفت عقل رمیده
آهو روشی کبک خرامی نفرستاد

دانست که خواهد شدنم مرغ دل از دست
وز آن خط چون سلسله دامی نفرستاد

فریاد که آن ساقی شکّرلب سرمست
دانست که مخمورم و جامی نفرستاد

چندان که زدم لاف کرامات و مقامات
هیچم خبر از هیچ مقامی نفرستاد

حافظ به ادب باش که واخواست نباشد
گر شاه پیامی به غلامی نفرستاد

GOOD WINE, THAT DOESN'T STUPEFY,

شراب بی‌غش و ساقی خوش دو دام رهند

که زیرکان جهان از کمندشان نرهند

من ارچه عاشقم و رند و مست و نامه‌سیاه

هزار شکر که یاران شهر بی‌گنهند

قدم منه به خرابات جز به شرط ادب

که ساکنان درش محرمان پادشهند

جفا نه پیشهٔ درویشی است و راهروی

بیار باده که این سالکان نه مرد رهند

مبین حقیر گدایان عشق را کاین قوم

شهان بی‌کمر و خسروان بی‌کلهند

مکن که کوکبهٔ دلبری شکسته شود
چو بندگان بگریزند و چاکران بجهند

غلام همت دردی کشان یکرنگم
نه آن گروه که ازرق لباس و دل سیهند

به هوش باش که هنگام باد استغنا
هزار خرمن طاعت به نیم جو ننهند

جناب عشق بلند است همّتی حافظ
که عاشقان ره بی همّتان به خود ندهند

THE ONE WHO GAVE YOUR LOVELY FACE ITS ROSY

آنکه رخسار ترا رنگ گل و نسرین داد
صبر و آرام تواند به من مسکین داد

وانکه گیسوی ترا رسم تطاول آموخت
هم تواند کرمش داد من غمگین داد

من همان روز ز فرهاد طمع ببریدم
که عنان دل شیدا به لب شیرین داد

گنج زر گر نبود، کنج قناعت باقیست
آنکه آن داد به شاهان به گدایان این داد

خوش عروسیست جهان از ره صورت لیکن
هر که پیوست بدو عمر خودش کاوین داد

بعد ازین دست من و دامن سرو و لب جوی
خاصه اکنون که صبا مژدهٔ فروردین داد

در کف غصّهٔ دوران دل حافظ خون شد
در فراق رخت ای خواجه قوام الدین، داد

MAY I REMEMBER ALWAYS WHEN

یاد باد آنکه نهانت نظری با ما بود
رقم مهر تو بر چهرهٔ ما پیدا بود

یاد باد آنکه چو چشمت به عتابم می کشت
معجز عیسویت در لب شکّرخا بود

یاد باد آنکه صبوحی زده در مجلس انس
جز من و یار نبودیم و خدا با ما بود

یاد باد آنکه رخت شمع طرب می افروخت
وین دل سوخته پروانهٔ ناپروا بود

یاد باد آنکه در آن بزمگه خلق و ادب
آنکه او خندهٔ مستانه زدی صهبا بود

یاد باد آنکه چو یاقوت قدح خنده زدی
در میان من و لعل تو حکایتها بود

یاد باد آنکه مه من چو کله بر بستی
در رکابش مه نو پیک جهان پیما بود

یاد باد آنکه خرابات نشین بودم و مست
وانچه در مسجدم امروز کم است آنجا بود

یاد باد آنکه به اصلاح شما می شد راست
نظم هر گوهر ناسفته که حافظ را بود

THESE PREACHERS WHO MAKE SUCH A SHOW

واعظان کاین جلوه در محراب و منبر می‌کنند
چون به خلوت می‌روند آن کار دیگر می‌کنند

مشکلی دارم ز دانشمند مجلس بازپرس
توبه فرمایان چرا خود توبه کمتر می‌کنند

گوئیا باور نمی‌دارند روز داوری
کاین همه قلب و دغل در کار داور می‌کنند

بندهٔ پیر خراباتم که درویشان او
گنج را از بی‌نیازی خاک بر سر می‌کنند

یا رب این نودولتان را با خر خودشان نشان
کاین همه ناز از غلام ترک و استر می‌کنند

بر در میخانهٔ عشق ای ملک تسبیح گوی
کاندر آنجا طینت آدم مخمّر می کنند

حسن بی پایان او چندانکه عاشق می کشد
زمره ای دیگر به عشق از غیب سر بر می کنند

ای گدای خانقه برجه که در دیر مغان
می دهند آبی و دلها را توانگر می کنند

خانه خالی کن دلا تا منزل سلطان شود
کاین هوسناکان دل و جان جای لشکر می کنند

وقت صبح از عرش می آمد خروشی عقل گفت
قدسیان گوئی که شعر حافظ از بر می کنند

THE NIGHTINGALES ARE DRUNK, WINE-RED ROSES APPEAR,

شکفته شد گل خمری و گشت بلبل مست

صلای سرخوشی ای صوفیان وقت پرست

اساس توبه که در محکمی چو سنگ نمود

ببین که جام زجاجی چه طرفه اش بشکست

بیار باده که در بارگاه استغنا

چه پاسبان و چه سلطان چه هوشیار و چه مست

درین رباط دو در چون ضرورت است رحیل

رواق و طاق معیشت چه سربلند و چه پست

مقام عیش میسّر نمی‌شود بی رنج

بلی به حکم بلا بسته‌اند عهد الست

به هست و نیست مرنجان ضمیر و خوش می باش

که نیستیست سرانجام هر کمال که هست

شکوه آصفی و اسب باد و منطق طیر

به باد رفت و از و خواجه هیچ طرف نبست

به بال و پر مرو از ره که تیر پرتابی

هوا گرفت زمانی ولی به خاک نشست

زبان کلک تو حافظ چه شکر آن گوید

که گفتهٔ سخنت می برند دست به دست

MOSLEMS, TIME WAS I HAD A HEART —

مسلمانان مرا وقتی دلی بود
که با وی گفتمی گر مشکلی بود

به گردابی چو می‌افتادم از غم
به تدبیرش امید ساحلی بود

دلی همدرد و یاری مصلحت‌بین
که استظهار هر اهل دلی بود

ز من ضایع شد اندر کوی جانان
چه دامنگیر یا رب منزلی بود

هنر بی‌عیب حرمان نیست لیکن
ز من محروم تر کی سائلی بود

برین جان پریشان رحمت آرید
که وقتی کاردانی کاملی بود

مرا تا عشق تعلیم سخن کرد
حدیثم نکتهٔ هر محفلی بود

مگو دیگر که حافظ نکته دانست
که ما دیدیم و محکم غافلی بود

PERHAPS, MY HEART, THE WINE-SHOPS' DOORS

باشد ای دل که در میکده‌ها بگشایند
گره از کار فروبستهٔ ما بگشایند

اگر از بهر دل زاهد خودبین بستند
دل قوی دار که از بهر خدا بگشایند

به صفای دل رندان که صبوحی زدگان
بس در بسته به مفتاح دعا بگشایند

نامهٔ تعزیت دختر رز بنویسید
تا حریفان همه خون از مژه‌ها بگشایند

گیسوی چنگ ببرید به مرگ می ناب
تا همه مغبچگان زلف دوتا بگشایند

درِ میخانه ببستند خدایا مپسند

که درِ خانهٔ تزویر و ریا بگشایند

حافظ این خرقه که داری تو ببینی فردا

که چه زنّار ز زیرش به جفا بگشایند

WE HAVEN'T TRAVELED TO THIS DOOR

ما بدین در نه پی حشمت و جاه آمده ایم
از بد حادثه اینجا به پناه آمده ایم

رهرو منزل عشقیم و ز سرحدّ عدم
تا به اقلیم وجود این همه راه آمده ایم

سبزهٔ خطّ تو دیدیم و ز بستان بهشت
به طلب کاری این مهرگیاه آمده ایم

با چنین گنج که شد خازن آن روح امین
به گدائی به درخانهٔ شاه آمده ایم

لنگر حلم تو ای کشتی توفیق کجاست
که درین بحر کرم غرق گناه آمده ایم

آبرو می‌رود ای ابر خطاپوش ببار
که به دیوان عمل نامه سیاه آمده‌ایم

حافظ این خرقهٔ پشمینه بینداز که ما
از پی قافله با آتش آه آمده‌ایم

I SAID, "THE GRIEF I FEEL IS ALL FOR YOU";

گفتم غم تو دارم گفتا غمت سرآید
گفتم که ماه من شو گفتا اگر برآید

گفتم ز مهرورزان رسم وفا بیاموز
گفتا ز ماه رویان این کار کمتر آید

گفتم که بر خیالت راه نظر ببندم
گفتا که شبرو است او از راه دیگر آید

گفتم که بوی زلفت گمراه عالمم کرد
گفتا اگر بدانی هم اوت رهبر آید

گفتم خوشا هوائی کز باغ حسن خیزد
گفتا خنک نسیمی کز کوی دلبر آید

گفتم که نوش لعلت ما را به آرزو کشت
گفتا تو بندگی کن کاو بنده‌پرور آید

گفتم دل رحیمت کی عزم صلح دارد
گفتا مگوی با کس تا وقت آن درآید

گفتم زمان عشرت دیدی که چون سر آمد؟
گفتا خموش حافظ کاین غصّه هم سر آید

DEAR FRIENDS, THAT FRIEND WITH WHOM WE ONCE

معاشران ز حریف شبانه یاد آرید
حقوق بندگی مخلصانه یاد آرید

به وقت سرخوشی از راه نالهٔ عشاق
به صوت نغمهٔ چنگ و چغانه یاد آرید

چو لطف باده کند جلوه در رخ ساقی
ز عاشقان به سرود و ترانه یاد آرید

چو در میان مراد آورید دست امید
ز عهد صحبت ما در میانه یاد آرید

نمی خورید زمانی غم وفاداران
ز بی وفائی دور زمانه یاد آرید

سمند دولت اگر چند سرکش است ولی
ز همرهان به سر تازیانه یاد آرید

به وجه مرحمت ای ساکنان صدر جلال
ز روی حافظ و این آستانه یاد آرید

IT IS THE NIGHT OF POWER,

شب قدر است وطی شد نامهٔ هجر
سلام فیه حتی مطلع الفجر

دلا در عاشقی ثابت قدم باش
که در این ره نباشد کار بی اجر

من از رندی نخواهم کرد توبه
ولو آذیتنی بالهجر و الحجر

دلم رفت و ندیدم روی دلدار
فغان از این تطاول آه ازین زجر

برآی ای صبح روشن دل خدا را
که من تاریک می بینم شب هجر

وفا خواہی جفاکش باش حافظ
فان الرّبح و الخسران فی التّجر

LIFE'S GARDEN FLOURISHES WHEN YOUR

ای خرّم از فروغ رخت لاله‌زار عمر
بازآ که ریخت بی گل رویت بهار عمر

از دیده گر سرشک چو باران چکد رواست
کاندر غمت چو برق بشد روزگار عمر

این یک دو دم که وعدهٔ دیدار ممکن است
دریاب کار ما که نه پیداست کار عمر

تا کی می صبوح و شکرخواب بامداد
هشیار گرد، هان، که گذشت اختیار عمر

دی در گذار بود و نظر سوی ما نکرد
بیچاره دل که هیچ ندید از گذار عمر

اندیشه از محیط فنا نیست هر کرا
برنقطهٔ دهان تو باشد مدار عمر

در هر طرف ز خیل حوادث کمین گهیست
زان رو عنان گسسته دواند سوار عمر

بی‌عمر زنده‌ام من و زین بس عجب مدار
روز فراق را که نهد در شمار عمر

حافظ سخن بگوی که بر صفحهٔ جهان
این نقش ماند از قلمت یادگار عمر

OF ALL THE ROSES IN THE WORLD

گلعذاری ز گلستان جهان ما را بس
زین چمن سایهٔ آن سرو چمان ما را بس

من و همصحبتی اهل ریا دورم باد
از گرانان جهان رطل گران ما را بس

قصر فردوس به پاداش عمل می‌بخشند
ما که رندیم و گدا دیر مغان ما را بس

بنشین بر لب جوی و گذر عمر ببین
وین اشارت ز جهان گذران ما را بس

نقد بازار جهان بنگر و آزار جهان
گر شما را نه بس این سود و زیان ما را بس

یار با ماست چه حاجت که زیادت طلبیم
دولت صحبت آن مونس جان ما را بس

از در خویش خدا را به بهشتم مفرست
که سر کوی تو از کون و مکان ما را بس

حافظ، از مشرب قسمت گله بی‌انصافیست
طبع چون آب و غزلهای روان ما را بس

A LOVING FRIEND, GOOD WINE, A PLACE SECURE

مقام امن و می بی‌غش و رفیق شفیق
گرت مدام میسّر شود زهی توفیق

جهان و کار جهان جمله هیچ در هیچ است
هزار بار من این نکته کرده‌ام تحقیق

دریغ و درد که تا این زمان ندانستم
که کیمیای سعادت رفیق بود رفیق

به مأمنی رو و فرصت شمر غنیمت وقت
که در کمینگه عمرند قاطعان طریق

بیا که توبه ز لعل نگار و خندهٔ جام
تصوّریست که عقلش نمی‌کند تصدیق

اگرچه موی میانت به چون منی نرسد
خوش است خاطرم از فکر این خیال دقیق

حلاوتی که ترا در چه زنخدان است
به کنه آن نرسد صد هزار فکر عمیق

اگر به رنگ عقیق است اشک من چه عجب
که مهر خاتم لعل تو هست همچو عقیق

به خنده گفت که حافظ غلام طبع توام
ببین که تا به چه حدّم همی کند تحمیق

LAST NIGHT THE WINE-SELLER, A MAN

دوش پنهان گفت با من کاردانی تیزهوش
کز شما پوشیده نبود راز پیر می فروش

گفت آسان گیر برخود کارها کز روی طبع
سخت می گیرد جهان برمردمان سخت کوش

وانگهم درداد جامی کز فروغش بر فلک
زهره در رقص آمد و بربط زنان می گفت نوش

گوش کن پند ای پسر وز بهر دنیا غم مخور
گفتمت چون در حدیثی گر توانی داشت گوش

با دل خونین لب خندان بیاور همچو جام
نی گرت زخمی رسد آئی چو چنگ اندر خروش

تا نگردی آشنا زین پرده رمزی نشنوی
گوش نامحرم نباشد جای پیغام سروش

در حریم عشق نتوان دم زد از گفت و شنید
زانکه آنجا جمله اعضا چشم باید بود و گوش

بر بساط نکته دانان خودفروشی شرط نیست
یا سخن دانسته گو ای مرد بخرد یا خموش

ساقیا می ده که رندیهای حافظ فهم کرد
آصف صاحب قران جرم بخش عیب پوش

LOVE'S ROAD'S AN ENDLESS ROAD

راهیست راه عشق که هیچش کناره نیست
آنجا جز آن که جان بسپارند چاره نیست

هر گه که دل به عشق دهی خوش دمی بود
در کار خیر حاجت هیچ استخاره نیست

فرصت شمر طریقهٔ رندی که این نشان
چون راه گنج بر همه کس آشکاره نیست

ما را به منع عقل مترسان و می بیار
کان شحنه در ولایت ما هیچ کاره نیست

او را به چشم پاک توان دید چون هلال
هر دیده جای جلوهٔ آن ماهپاره نیست

از چشم خود بپرس که ما را که می‌کشد
جانا گناه طالع و جرم ستاره نیست

نگرفت در تو گریهٔ حافظ به هیچ روی
حیران آن دلم که کم از سنگ خاره نیست

MY HEART, GOOD FORTUNE IS THE ONLY FRIEND

دلا رفیق سفر بخت نیکخواهت بس
نسیم روضهٔ شیراز پیک راهت بس

دگر ز منزل جانان سفر مکن درویش
که سیر معنوی و کنج خانقاهت بس

هوای مسکن مألوف و عهد یار قدیم
ز رهروان سفر کرده عذرخواهت بس

و گر کمین بگشاید غمی ز گوشهٔ دل
حریم درگه پیر مغان پناهت بس

به صدر مصطبه بنشین و ساغری می نوش
که این قدر ز جهان کسب مال و جاهت بس

زیادتی مطلب کار بر خود آسان کن
که شیشهٔ می لعل و بتی چو ماهت بس

فلک به مردم نادان دهد زمام مراد
تو اهل فضلی و دانش همین گناهت بس

به هیچ ورد دگر نیست حاجت ای حافظ
دعای نیم‌شب و درس صبحگاهت بس

به منّت دگران خو مکن که در دو جهان
رضای ایزد و انعام پادشاهت بس

ALTHOUGH OUR PREACHER MIGHT NOT LIKE

گرچه بر واعظ شهر این سخن آسان نشود
تا ریا ورزد و سالوس مسلمان نشود

رندی آموز و کرم کن که نه چندان هنر است
حیوانی که ننوشد می و انسان نشود

گوهر پاک بباید که شود قابل فیض
ورنه هر سنگ و گلی لؤلؤ و مرجان نشود

اسم اعظم بکند کار خود ای دل خوش باش
که به تلبیس و حیل دیو مسلمان نشود

عشق می‌ورزم و امیّد که این فنّ شریف
چون هنرهای دگر موجب حرمان نشود

دوش می گفت که فردا بدهم کام دلت
سببی ساز خدایا که پشیمان نشود

حسن خلقی ز خدا می طلبم حسن ترا
تا دگر خاطر ما از تو پریشان نشود

ذرّه را تا نبود همّت عالی حافظ
طالب چشمهٔ خورشید درخشان نشود

WHEN YOU DRINK WINE, SPRINKLE

اگر شراب خوری جرعه‌ای فشان بر خاک
از آن گناه که نفعی رسد به غیر چه باک

برو به هر چه تو داری بخور دریغ مخور
که بی‌دریغ زند روزگار تیغ هلاک

به خاک پای تو ای سرو نازپرور من
که روز واقعه پا وامگیرم از سر خاک

چه دوزخی چه بهشتی چه آدمی چه ملک
به مذهب همه کفر طریقت است امساک

مهندس فلکی راه دیر شش جهتی
چنان ببست که ره نیست زیر دام مغاک

فریب دختر رز طرفه می زند ره عقل

مباد تا به قیامت خراب طارم تاک

به راه میکده حافظ خوش از جهان رفتی

دعای اهل دلت باد مونس دل پاک

MY HEART WAS STOLEN BY A LOUT

دلم ربودهٔ لولی وشیست شورانگیز
دروغ وعده و قتّال وضع و رنگ آمیز

فدای پیرهن چاک ماهرویان باد
هزار جامهٔ تقوی و خرقهٔ پرهیز

فرشته عشق نداند که چیست ای ساقی
بخواه جام و گلابی به خاک آدم ریز

غلام آن کلماتم که آتش انگیزد
نه آب سرد زند در سخن به آتش تیز

فقیر و خسته به درگاهت آمدم رحمی
که جز ولای توام نیست هیچ دستاویز

مباش غرّه به بازی خود که در خبرست
هزار تعبیه در حکم پادشاه انگیز

بیا که هاتف میخانه دوش با من گفت
که در مقام رضا باش و از قضا مگریز

پیاله بر کفنم بند تا سحرگه حشر
به می ز دل ببرم هول روز رستاخیز

میان عاشق و معشوق هیچ حایل نیست
تو خود حجاب خودی حافظ از میان برخیز

GOOD NEWS! THE DAYS OF GRIEF AND PAIN

رسید مژده که ایّام غم نخواهد ماند
چنان نماند و چنین نیز هم نخواهد ماند

من ارچه در نظر یار خاکسار شدم
رقیب نیز چنین محترم نخواهد ماند

چو پرده‌دار به شمشیر می‌زند همه را
کسی مقیم حریم حرم نخواهد ماند

چه جای شکر و شکایت ز نقش نیک و بد است
که بر صحیفهٔ هستی رقم نخواهد ماند

سرود مجلس جمشید گفته‌اند این بود
که جام باده بیاور که جم نخواهد ماند

توانگرا دل درویش خود به دست آور
که مخزن زر و گنج درم نخواهد ماند

غنیمتی شمرای شمع وصل پروانه
که این معامله تا صبحدم نخواهد ماند

برین رواق زبرجد نوشته‌اند به زر
که جز نکوئی اهل کرم نخواهد ماند

ز مهربانی جانان طمع مبر حافظ
که نقش جور و نشان ستم نخواهد ماند

I'LL SAY IT OPENLY, AND BE

فاش می‌گویم و از گفتهٔ خود دلشادم
بندهٔ عشقم و از هر دو جهان آزادم

طایر گلشن قدسم چه دهم شرح فراق
که درین دامگه حادثه چون افتادم

من ملک بودم و فردوس برین جایم بود
آدم آورد درین دیر خراب‌آبادم

سایهٔ طوبی و دلجوئی حور و لب حوض
به هوای سر کوی تو برفت از یادم

نیست بر لوح دلم جز الف قامت دوست
چکنم حرف دگر یاد نداد استادم

کوکب بخت مرا هیچ منجّم نشناخت

یا رب از مادر گیتی به چه طالع زادم

تا شدم حلقه به گوش در میخانهٔ عشق

هر دم آید غمی از نو به مبارکبادم

می خورد خون دلم مردمک چشم و سزاست

که چرا دل به جگرگوشهٔ مردم دادم

پاک کن چهرهٔ حافظ به سر زلف ز اشک

ورنه این سیل دمادم ببرد بنیادم

AH, GOD FORBID THAT I RELINQUISH WINE

حاشا که من به موسم گل ترک می کنم
من لاف عقل می زنم این کار کی کنم

مطرب کجاست تا همه محصول زهد و علم
در کار بانگ بربط و آواز نی کنم

از قال و قیل مدرسه حالی دلم گرفت
یک چند نیز خدمت معشوق و می کنم

کو پیک صبح تا گله های شب فراق
با آن خجسته طلعت فرخنده پی کنم

کی بود در زمانه وفا جام می بیار
تا من حکایت جم و کاووس و کی کنم

از نامهٔ سیاه نترسم که روز حشر
با فیض لطف او صد ازین نامه طی کنم

این جان عاریت که به حافظ سپرد دوست
روزی رخش ببینم و تسلیم وی کنم

MILD BREEZE OF MORNING, GENTLY TELL

صبا به لطف بگو آن غزال رعنا را
که سر به کوه و بیابان تو داده‌ای ما را

شکرفروش که عمرش دراز باد چرا
تفقّدی نکند طوطی شکرخا را

غرور حسن اجازت مگر نداد ای گل
که پرسشی بکنی عندلیب شیدا را

به خلق و لطف توان کرد صید اهل نظر
به بند و دام نگیرند مرغ دانا را

چو با حبیب نشینی و باده پیمائی
به یاد دار محبّان بادپیما را

ندانم از چه سبب رنگ آشنائی نیست
سهی قدان سیه چشم ماه سیما را

جز این قدر نتوان گفت در جمال تو عیب
که وضع مهر و وفا نیست روی زیبا را

در آسمان نه عجب گر به گفتهٔ حافظ
سماع زهره به رقص آورد مسیحا را

WHERE IS THE NEWS WE'LL MEET, THAT FROM

مژدهٔ وصل تو کو کز سر جان برخیزم
طایر قدسم و از دام جهان برخیزم

به ولای تو که گر بندهٔ خویشم خوانی
از سر خواجگی کون و مکان برخیزم

یا رب از ابر هدایت برسان بارانی
پیش تر زانکه چو گردی ز میان برخیزم

بر سر تربت من با می و مطرب بنشین
تا به بویت ز لحد رقص کنان برخیزم

خیز و بالا بنما ای بت شیرین حرکات
که چو حافظ ز سر جان و جهان برخیزم

گر چه پیرم تو شبی تنگ در آغوشم کش
تا سحرگه ز کنار تو جوان برخیزم

MY LOVE'S FOR PRETTY FACES,

من دوستار روی خوش و موی دلکشم
مدهوش چشم مست و می صاف بیغشم

در عاشقی گزیر نباشد ز ساز و سوز
استاده ام چو شمع مترسان ز آتشم

من آدم بهشتی ام امّا درین سفر
حالی اسیر عشق جوانان مهوشم

بخت ار مدد دهد که کشم رخت ازین دیار
گیسوی حور گرد فشاند ز مفرشم

شیراز معدن لب لعلست و کان حسن
من جوهری مفلسم ایرا مشوّشم

از بس که چشم مست درین شهر دیده‌ام
حقّا که می نمی‌خورم اکنون و سرخوشم

گفتی زسرّ عهد ازل نکته‌ای بگو
آنگه بگویمت که دو پیمانه درکشم

حافظ عروس طبع مرا جلوه آرزوست
آیینه‌ای ندارم ازان آه می‌کشم

MY BODY'S DUST IS AS A VEIL

حجاب چهرهٔ جان می‌شود غبار تنم
خوشا دمی که از آن چهره پرده برفکنم

چنین قفس نه سزای چو من خوش الحانی ست
روم به گلشن رضوان که مرغ آن چمنم

عیان نشد که چرا آمدم کجا بودم
دریغ و درد که غافل ز کار خویشتنم

چگونه طوف کنم در فضای عالم قدس
چو در سراچهٔ ترکیب تخته بند تنم

اگر ز خون دلم بوی شوق می‌آید
عجب مدار که همدرد نافهٔ ختنم

طراز پیرهن زرکشم مبین چون شمع
که سوزهاست نهانی درون پیرهنم

بیا و هستی حافظ ز پیش او بردار
که با وجود تو کس نشنود ز من که منم

نفس باد صبا مشک فشان خواهد شد

عالم پیر دگر باره جوان خواهد شد

ارغوان جام عقیقی به سمن خواهد داد

چشم نرگس به شقایق نگران خواهد شد

این تطاول که کشید از غم هجران بلبل

تا سراپردهٔ گل نعره زنان خواهد شد

گر ز مسجد به خرابات شدم خرده مگیر

مجلس وعظ درازست و زمان خواهد شد

ای دل ار عشرت امروز به فردا فکنی

مایهٔ نقد بقا را که ضمان خواهد شد

ماه شعبان مده از دست قدح کاین خورشید
از نظر تا شب عید رمضان خواهد شد

گل عزیز است غنیمت شمریدش صحبت
که به باغ آمد ازین راه و ازآن خواهد شد

مطربا مجلس انس است غزل خوان و سرود
چند گوئی که چنین رفت و چنان خواهد شد

حافظ از بهر تو آمد سوی اقلیم وجود
قدمی نه به وداعش که روان خواهد شد

IF THAT SHIRAZI TURK WOULD TAKE

اگر آن ترک شیرازی به دست آرد دل ما را
به خال هندوش بخشم سمرقند و بخارا را

بده ساقی می باقی که در جنّت نخواهی یافت
کنار آب رکناباد و گلگشت مصلّی را

فغان کاین لولیان شوخ شیرین کار شهرآشوب
چنان بردند صبر از دل که ترکان خوان یغما را

ز عشق ناتمام ما جمال یار مستغنی است
به آب و رنگ و خال و خط چه حاجت روی زیبا را

حدیث از مطرب و می گو و راز دهر کمتر جو
که کس نگشود و نگشاید به حکمت این معمّا را

من از آن حسن روزافزون که یوسف داشت دانستم
که عشق از پردهٔ عصمت برون آرد زلیخا را

بدم گفتی و خرسندم عفاک الله نکو گفتی
جواب تلخ می زیبد لب لعل شکرخا را

نصیحت گوش کن جانا که از جان دوستر دارند
جوانان سعادتمند پند پیر دانا را

غزل گفتی و دُر سفتی بیا و خوش بخوان حافظ
که بر نظم تو افشاند فلک عقد ثریا را

FLIRTATIOUS GAMES, AND YOUTH,

عشق بازیّ و جوانیّ و شراب لعل فام
مجلس انس و حریف همدم و شرب مدام

ساقی شکّر دهان و مطرب شیرین سخن
همنشین نیک کردار و ندیم نیکنام

شاهدی از لطف و پاکی رشک آب زندگی
دلبری در حسن و خوبی غیرت ماه تمام

بزمگاهی دلنشان چون قصر فردوس برین
گلشنی پیرامنش چون روضهٔ دارالسّلام

صف نشینان نیکخواه و پیشکاران با ادب
دوستداران صاحب اسرار و حریفان دوستکام

بادهٔ گلرنگ تلخ تیز خوشخوار سبک
نقلش از لعل نگار و نقلش از یاقوت خام

غمزهٔ ساقی به یغمای خرد آهخته تیغ
زلف جانان از برای صید دل گسترده دام

نکته دانی بذله گو چون حافظ شیرین سخن
بخشش آموزی جهان افروز چون حاجی قوام

هر که این عشرت نخواهد خوشدلی بر وی تباه
وانکه این مجلس نجوید زندگی بر وی حرام

A BLACK MOLE GRACED HIS FACE; HE STRIPPED, AND SHONE

چون جامه ز تن برکشد آن مسکین خال
ماهی که نظیر خود ندارد به کمال
در سینه ز نازکی دلش بتوان دید
مانندهٔ سنگ خاره در آب زلال

DESIRE'S DESTROYED MY LIFE; WHAT GIFTS HAVE I

عمری ز پی مراد ضایع دارم
وز دور فلک چیست که نافع دارم
با هر که بگفتم که ترا دوست شدم
شد دشمن من وه که چه طالع دارم

WHAT DOES LIFE GIVE ME IN THE END BUT

من حاصل عمر خود ندارم جز غم
در عشق ز نیک و بد ندارم جز غم
یک همدم با وفا ندیدم جز درد
یک مونس نامزد ندارم جز غم

Faces of Love • 132

EACH FRIEND TURNED OUT TO BE AN ENEMY,

هر دوست که دم زد از وفا دشمن شد
هر پاک روی که بود تر دامن شد
گویند شب آبستن غیب است عجب
چون مرد ندید از که آبستن شد

WITH WINE BESIDE A GENTLY FLOWING BROOK – THIS IS BEST

با می به کنار جوی می باید بود
وز غصه کناره جوی می باید بود
این مدت عمر ما چو گل ده روز است
خندان لب و تازه روی می باید بود

Jahan Malek Khatun

شبها دراز بیشتر بیدارم
نزدیک سحر روی به بالین دارم
من بیدارم که دیده بی دیدن دوست
در خواب رود خیال می پندارم

HOW LONG WILL YOU BE LIKE

تو تا کی همچو سرو از ما کشی سر
نیاری جز جفا از بهر ما بر

نمی‌گویم که تا چندم گذاری
من بیچاره را چون حلقه بر در

منم بر بستر هجران فتاده
تو در عیش و طرب با یار دیگر

به تاریکی زلفت درفتادم
به بویش گر توانم گشت رهبر

مگر خورشید رویت را ببینم
اگرچه نیستم جانات درخور

من بیچاره هستم در فراقت
ز چشم و دل میان آب و آذر

اگرچه نیستت با ما عنایت
ز جان گوید جهان کز عمر برخور

O GOD, I BEG YOU, OPEN WIDE

الهی تو بگشا دری از بهشت

به روی دلا رای حوری سرشت

به جنّت دهش جای این حور زاد

نشستنگهش جمله با حور باد

ز دل حسرت عالمش دور کن

روانش به لطف تو پر نور کن

EACH NEW FLOWER OPENING IN THE MORNING LIGHT,

هرگه که گلی تازه به صبحم بنمود
کز دیدن آن فتوح روحم بفزود

زان گل بویی هنوز بر من نوزید
کش باد فنا ز پیش چشمم بربود

MY HEART WILL TAKE NO DRUG TO DULL THIS PAIN,

با درد تو درمان نپذیرد دل من
مهر غم تو نمی رود از گل من

از وصل تو یک زمان نیاسود دلم
جز هجر تو نیست درجهان حاصل من

I DIDN'T KNOW MY VALUE THEN, WHEN I

در جوانی قدر خود نشناختم
این زمان حاصل چه چون درباختم

چون گذشت از ما چو باد صبحدم
نیک و بد را این زمان بشناختم

ای بسا مرغ هوس را کز هوا
در سر دام دو زلف انداختم

سر به رعنایی میان بوستان
برسهی سرو چمن افراختم

با بتان در عرصهٔ شطرنج عشق
ای بسا نرد هوس کان باختم

بس به‌میدان ملاحت درجهان
بارهٔ امید دل را تاختم

ازجوانی شاخ و برگی چون نماند
با شب دیجور پیری ساختم

HEART, IN HIS BEAUTY'S GARDEN, I –

دلا در باغ حسنش عندلیبم
نباشد غیر خار از گل نصیبم

بچیدند از چمن گل باز یاران
ز گل محروم از جور رقیبم

دلم پر درد و غیر از شکّر او
دوای دل نمی‌گوید طبیبم

جهان در کار عشقش کردم آخر
چرا بر من رود جور از حبیبم

چو رفتم اختیار از دست در گوش
کجا گیرد کنون پند ادیبم

به عشق روی گل در بوستان‌ها

سحر نالان به سان عندلیبم

شنیدستم غریبان می‌نوازی

نظر فرما که در ملکت غریبم

IF YOU SHOULD KISS ME WITH

گرم بوسی دهی از لعل پرنوش
غلامی گردم از جان حلقه در گوش

که را باشد چنان چشم و لب و قد
که را آن عارض و زلف و بناگوش

که دیده همچو تو ماهی کله دار
که دیده همچو تو سروی قباپوش

مده خارم خدا را از گل وصل
مزن نیشم خدا را از لب نوش

چو دیگ از آتش عشقت شب و روز
به یاد تو فرو ننشینم از جوش

زسر بگذشت اشکم از فراقت
چه دانی سرگذشت ما شب دوش

چرا بار غمم بر دل نهادی
چرا کردی تو عهدم را فراموش

MY HEART IS TANGLED LIKE THICK CURLS

دلم همچون سر زلفست درهم
که در عالم ندارم هیچ همدم

ندارم هیچ غمخواری و یاری
به درد روز هجرانت به جز غم

ببین کاحوال این بی دل چه باشد
که غیر از غم ندارد هیچ محرم

مدام از دیده و دل ساقی دور
بگو چندم دهی جام دمادم

به تیغ هجر خستی خاطرم را
ز وصلت بر دلم نه زود مرهم

به جز لطفت نگارینا تو دانی

ندارم هیچ دلسوزی به عالم

چرا کردی بدین غایت خدا را

ز تاب بار هجران پشت ما خم

به بستان با سهی سرو آب می‌گفت

مبادا از سرما سایه‌ات کم

نه من کردم به عالم عشق بازی

گناه اوّل ز حوّا بود و آدم

SWEET BREEZE RETURN TO ME, YOU BEAR

صبا بازآ که درمانم تو داری
نسیم زلف جانانم تو داری

منم رنجور و مهجور از فراقت
دوای این دل و جانم تو داری

طبیبان از علاجم خسته گشتند
شفای درد من دانم تو داری

بیاور بوی زلفت تا شوم خوش
که در هجران پریشانم تو داری

بگویش از من مسکین خدا را
منم سرگشته سامانم تو داری

نگویی ای بت دلخواه تا کی
چنین بی‌هوش و حیرانم تو داری

YOUR FACE USURPS THE FIERY GLOW AND HUE

ای برده آتش رخ تو آب و رنگ گل
با روی تو چرا بودم راه سوی گل

با نکهت دو زلف تو عنبر چه می کنم
با روی تو کجا برم ای دوست بوی گل

زان رو که نیست در گل خوش بو وفا بسی
عیبی بود عظیم چنین است خوی گل

کی گل برآورد چو لبت غنچه ای دگر
آب حیات اگر رود ای جان به جوی گل

FROM NOW ON I HAVE SWORN

عهد کردم ازین پس ندهم دل به خیال
که مرا جان به لب آمد ز خیالات محال

ره خواب من دلداده خیالت بربست
تا تنم گرد خیال تو به مانند خیال

سر و جان و دل و دین در سر کارت کردم
خون ما بر تو نگویی که که کردست حلال

رحمتی بر من سرگشتهٔ دلسوخته کن
چون رسیدست ملال من مسکین به کمال

قسمم هست به چشم خوش آهووش او
به مه روی وی آنک به دو ابروی هلال

بر رخ همچو گل و عارض همچون سمنش

به دو زلفست معنبر و لبش آب زلال

به شب وصل و لب تشنهٔ مشتاقانش

به قد خوب خرامش به چمن همچو نهال

که مرا در شب هجران رخ چون قمرش

هست از جان و دل و هر دو جهان بی تو ملال

گفت چون بلبل شوریده به عشق رخ گل

برو ای عاشق بیچاره ازین بیش منال

HOW SWEET SLEEP IS! I DREAMED I SAW

خوابی خوش است اینکه شب دوش دیده‌ام
دل را به یاد دوست به جان پروریده‌ام

دارم امید آنکه ازین خواب برخورم
زیرا که لطف دوست درین خواب دیده‌ام

دیدم صباح روی تو ای جان به آشکار
تعبیر چیست بهتر ازین روی دیده‌ام

بر ما ترحّمی کن و از راه مردمی
کز تو جدا فتاده و محنت کشیده‌ام

در اشتیاق آن رخ چون گل میان باغ
جانا به جان تو که چو سروی خمیده‌ام

هر شب به انتظار تو ای جان نازنین
صد پیرهن ز دست فراقت دریده‌ام

ای کعبه وصال مرا راه ده به خود
کز شوق رویت این همه ره را بریده‌ام

چون مرغ نیم‌بسمل بی‌بال و پر ز شوق
هر دم میان خون دل خود طپیده‌ام

بسیار گرم و سرد کشیدم ز روزگار
نه کودکم چنان که جهان را ندیده‌ام

COME HERE A MOMENT, SIT WITH ME, DON'T SLEEP TONIGHT

بیا بنشین مرو در خواب امشب
دل ما را دمی دریاب امشب

ز نور روی خود ما را برافروز
که خوش باشد شب مهتاب امشب

بساز از روی یاری با غریبان
چو عمر از پیش ما مشتاب امشب

چو چشم خویشتن خوش باش با ما
چو زلف خود مرو در تاب امشب

به بادم بر مده چون خاک کویت
بزن بر آتش عشق آب امشب

چرا ما را چنین می داری ای دوست
ز آب دیده در غرقاب امشب

مرا کام از جهان باری برآید
گرت بینم دمی در خواب امشب

HOW CAN I TELL YOU WHAT I WANT FROM YOU

بگو چگونه دهم شرح آرزومندی
که گریبان کنمت حال خویش نپسندی

چه باشد ار نظری سوی ما کنی زکرم
زبندگان گنه آید زتو خداوندی

چو من زجان و دلم بنده درت جانا
در وصال به رویم بگو چرا بندی

تو آن به جای من خسته دل مکن [که] اگر
کسی به جای تو آن راکند تو نپسندی

دلا نگار ندارد سر وفا با من
به دام زلف پریشان او چو دربندی

زجستجو ننشستی تو تا مرا آخر
در آتش غم هجران دلبرا افکندی

جهان چو بر دل خلقست این چنین شیرین
بگو چرا زجهان مهر خویش برکندی

Jahan Malek Khatun • 155

AT DAWN MY HEART SAID I SHOULD GO

به باغ شد دل من صبحدم به گل چیدن

مراد من بود از گل جمال او دیدن

گرفته دست نگاری به دست در بستان

به ذوق در چمن و لاله‌زار گردیدن

چه خوش بود سر زلفین پیچ در پیچش

به گاه بوسه ربودن به دست پیچیدن

ز سرو قامت رعنای او به وقت کنار

هزار درد توان از میان او چیدن

چو نرگس ار چه شد آزاد قامتش چه خوشست

بنفشه‌وار مرا خاک پاش بوسیدن

دو چشم مست تو بر حال من نمی بخشد
اگرچه سهل بود پیش مست بخشیدن

ز ابر رحمت حق گرچه گریه خوش باشد
خوشست نیز چو گل زآفتاب خندیدن

ز شاه مات جفایش عناست بر دل من
نماند چارهٔ ما غیر عرصه برچیدن

سخن زیاده مگوی ای جهان که حیف بود
گهر به دست خرد دادن و نسنجیدن

SUPPOSE A BREEZE SHOULD BRING TO ME

گر آید نسیمی ز سوی نگار
کنم جان و دل بر نسیمش نثار
دماغم بیاساید از بوی او
جهان تازه گردد به باد بهار
بهار آمد و باد نوروز باز
بیاورد بویی چو مشک تتار
چه مشک و چه عنبر چه کافور و گل
بود همچو بوی سر زلف یار
به سوی گلستان اگر بگذرد
فرو ریزد از شرم او گل ز بار
خجل گردد از قامتش نارون
به خاک افتد از شرمساری چنار
بنفشه خجل گشت از زلف او
فتاده به پایش چنین سوگوار
سرافکنده نرگس به پیشش کنون
ز مستی چشمش شده در خمار

ز شرم رخش ارغوان شد بنفش
تو خیری نگر کاوست زار و نزار
زبان آوری کرد سوسن از آن
میان ریاحین چنین است خوار
سمن با رخش لاف می زد به حسن
به جان آمد او را ز گل نوک خار
شقایق فروغ جمالش بدید
شد از رنگ رخسار او شرمسار
به پیش گلستان رویش به باغ
نیامد گل و یاسمن در شمار
چو در بوستان بگذرد سرو ناز
سراید چو مستان ز مهرش هزار
مرا آرزو هست در فصل گل
میان چمن یارم اندر کنار
شکوفه چو بشکفت در بوستان
چو سیمش برافشان به پای نگار
جهان خوش شد و نیست ما را خوشی
که جز غم نباشد درین روزگار

O GOD, BE KIND, AND OPEN WIDE YOUR DOOR,

الهی تو بگشا به لطفت دری
که منّت نمی‌خواهم از دیگری

اگرچه ره راست کج رفته‌ام
نماید به ما هم رهی رهبری

اگر بر سر ماست او را سخن
فدای سر یار دارم سری

به روی من ای خالق ذوالجلال
تو بی منّت خلق بگشا دری

شبی داوری رفت بر من ز دور
به جز لطف تو نیستم داوری

که یارد که حمد و ثنایت کند
اگرچند باشد زبان آوری

تو گر دوست خواهی چه غم باشدم
اگر خصم باشد مرا کشوری

Jahan Malek Khatun • 161

MY FRIEND, WHO WAS SO KIND AND FAITHFUL ONCE

یاری که همه میل دلش سوی وفا بود
برگشت و جفا کرد و ندانم که چرا بود

بر حال من دلشدهٔ زار نبخشود
این نیز هم از طالع شوریدهٔ ما بود

از هجر تو هر چند که کردیم شکایت
با وصل تو گویی نفس باد صبا بود

آن عهد که بستی و دگر بار شکستی
حقّا که نه از پیش من از پیش شما بود

یک لحظه ز شادی جهان شاد نگشتم
تا دامن وصل توأم از دست رها بود

من شکر وصال تو نمی‌گفتم اگر نه
آن دولت و شادی که مرا بود که را بود

از رشک قبا می‌شد پیراهن دلها
روزی که میان من و دلدار صفا بود

مسکین دل من قید سر زلف بتان شد
دیوانه به زنجیر کشیدند و سزا بود

گویند که سلطان جهان بنده‌نوازست
با ماش ندانم که چرا میل جفا بود

Faces of Love • 162

HAVE ALL YOUR FEELINGS FOR ME GONE?

مگر با ما سر یاری نداری
بگو تا کی کشم این بردباری

ز من دل بستدی کردی مرا خوار
چنین باشد نگارا شرط یاری

عزیز من عزیزم داشت دایم
تحمّل چون کنم زین بیش خواری

دلم بردی و کردی قصد جانم
نباشد این طریق دوستداری

چو سلطانان که در صحرا بتازند
فرس را در پی شیر شکاری

بیفکندی و بر فتراک بستی
دلم را و مرا کشتی به زاری

به آب دیده پروردم گلی را
که کرد اندر جهان این بردباری

کنون زان گل نصیبم نیست جز خار
نگویی آخر ای دل در چه کاری

Jahan Malek Khatun • 163

IT WILL BE GOD WHO OPENS UP

عاقبت کار فروبسته خدا بگشاید
در فتحی به من از روی صفا بگشاید

پیش از این غم‌خور ای دل که ز لطفش روزی
گره از کار فروبستهٔ ما بگشاید

التجا بر در مخلوق نشاید بردن
که در دولت و اقبال خدا بگشاید

دردم از حد شد و جز لطف خدا نیست دوا
بو که آن درد هم از پیش دوا بگشاید

تو گشا بار خدایا در فتحی بر من
که اگر تو نگشایی ز کجا بگشاید

در شب محنت هجران و پریشانی حال
صبر باید دل بیچاره که تا بگشاید

ای جهان پای به بند ستمت چرخ ببست
هم دعا کن که به تأثیر دعا بگشاید

HOW SWEET THOSE DAYS WHEN WE WERE STILL

یاد باد آنکه عزیزان همه باهم بودیم
همه دم با غم و شادی همه همدم بودیم

نیش زنبور صفت بر دل هرکس نزدیم
به وفا عهد سپر کرده و محکم بودیم

به زکات و صدقات و به بناهای بزرگ
شکر معبود که مشهور به عالم بودیم

سالها در چمن ذوق به بستان طرب
همچو گل خنده زنان خوش دل و خرّم بودیم

با همه خلق جهان خلق و تواضع کردیم
چون صبا با همه کس یکدل و محرم بودیم

تا که خورشیدصفت بر همه کس تافته‌ایم
در سر مهر جهان دافع شبنم بودیم

HOW WOULD IT BE, MY SOUL'S LOVE, IF YOU HEALED

جانا چه باشد ار دل ما را دوا کنی
رحمی به حال زار من بینوا کنی

ای لعل تو چو آتش و روی تو همچو ماه
باشد که از کرم گذری سوی ما کنی

دادی هزار وعده به وصلم ز لطف خویش
باشد کز آن هزار یکی را وفا کنی

عمریست تا ز جور غمت خسته خاطرم
با من بگو تو راست که تا کی جفا کنی

تا کی در وصال ببندی به روی من
تا کی به داغ هجر مرا مبتلا کنی

بر دوستان خویش ستم می‌کنی چرا
دایم تو کام دشمن ما را روا کنی

ای دل تو تا به کی ننشینی ز جست و جوی
بی‌شک جهان تو در سر این ماجرا کنی

IN ALL THE WORLD, MY LOVE,

به عالم غیر تو یاری ندارم
به جز عشق رخت کاری ندارم

تو را گر هست بر جایم بسی یار
به جانت من کسی باری ندارم

به کوی تو سگان را هست باری
چرا ای دوست من باری ندارم

خداوندی من بنده فرمان
به جان تو کز این عاری ندارم

اگر چه برگرفت آزرم از پیش
من از دلدار آزاری ندارم

به جان تو که در عالم نگارا
به جز لطفت جهانداری ندارم

WHY IS IT YOU NEGLECT ME SO? WHY IS IT

چرا به کار من ناتوان نپردازی
نظر به حال اسیران خود نیندازی

ز مرتبت چو سراپرده بر فلک زده‌ای
به زیر خرگه دولت همی طرب سازی

چو کرد بانوی ایران تو را فلک ناگاه
سزد به تاج و به تخت ار کنی سرافرازی

به شکر آنکه به میدان کامرانی و ناز
فراز زین مرصّع کمیت می تازی

به پنج روزه فریب جهان مشو مغرور
که دور چرخ بسی کرده است این بازی

ز خان و مان و ز جان و جهان برآمده‌ام
به دور دولت سلطان محمّد غازی

تو چند غصّهٔ کار جهان خوری آخر
ز آتش غم دوران چو موم بگدازی

MOST PEOPLE IN THE WORLD WANT POWER AND MONEY,

بیشتر خلق جهان در پی جاه و درمند
ز وفا دور و جفاجوی و نه اهل کرمند
روزگاریست پرآشوب که از خلق جهان
حذر اولیست که یاران وفادار کمند
وحشی از همه دارند ندانم که چرا
همچو آهوی چراگشته ز مردم برمند
بهر یک نان که مبادا به جهانش سفله
هست امکان که تهیگاه هم از هم بدرند
گردش دور فلک را چو بقا نیست چرا
آخر از کار جهان جمله چنین بی‌خبرند
بندهٔ قدّ تو گشتند ز جان تا دانی
سرو نازی که به بالای تو اندر چمنند
دل من آهوی وحشیست که در کوه و درت
گشت سرگشته و عمری که نیامد به کمند

HIS GLANCES TRAP MY HEART WITHIN THEIR SNARE,

تا به چند آن غمزه از من دل ربایی می‌کند
می‌رود با جای دیگر آشنایی می‌کند

روشنایی چشم من باشد روا باشد که یار
شمع رویش جای دیگر روشنایی می‌کند

در وفاداریّ او جان داده‌ام من سالها
آن نگار من به عادت بی‌وفایی می‌کند

درجهان یک دل نماند از دست آن عیار و او
همچنان از خلق عالم دل ربایی می‌کند

جان فدا کردم به روز وصل او آخر چرا
آن نگار بی‌وفا از من جدایی می‌کند

بود رندی لاابالی در سر ابستان عشق
این زمان از طالع من پارسایی می‌کند

دل چو تن را پادشاهست ای عزیز من ببین
پادشاهی بر سر کویت گدایی می‌کند

WHY, IN YOUR HEART, HAVE YOU FORGOTTEN ME

چرا کردی مرا از دل فراموش
گرفتی دیگری جز من در آغوش

تو پنداری که ما اینها ندانیم
به راهت ما همه چشمیم و هم گوش

نه شرط مردمی باشد نه یاری
که در سختی کند یاری فراموش

چه پوشانی به رویت برقع ای دوست
نشاید کرد آتش زیر سرپوش

به هجران سوختم بنوازم از وصل
که گه زهر آید از زنبور و گه نوش

به جان آمد جهان از بردباری
بگو تا کی شود در هجر خاموش

بگفتا شربت هجران که تلخست
چو داری در قدح حالی تو می نوش

Faces of Love • 174

YOU DON'T KNOW HOW YOU OUGHT TO TREAT A LOVER,

نگارا رسم دلداری نداری
دمی با ما سر یاری نداری
دل مسکین من گشت از غمت خون
تو خود آئین غمخواری نداری
رهی غیر از جفا جویی نجویی
طریقی جز ستم کاری نداری
نپرسی حال یاران وفادار
مگر رای وفاداری نداری
تو هر شب تا سحر در خواب و مستی
خبر از ما و بیداری نداری
چه حاصل زاری من چون تو رسمی
به غیر از مردم آزاری نداری
ندانستم که آن عادت که عهدی
که می بندی به جای آری نداری
جهان و جان نهادم بر سر تو
تو خود رسم جهانداری نداری
دلا خواری کش و تن در قضا ده
چو قسمت جز جگرخواری نداری

YOUR FACE IS LIKE A SHINING SUN

به رخ چون ماه تابانی به قد چون سرو آزادی
چنین نبود بنی آدم یقینم کز پری زادی

تویی آزاد سرو ما به جوی خلد بر رسته
شدیم از جان تو را بنده نمی خواهیم آزادی

بده دادم نگارینا ز روز وصل خود یک شب
بترس از نالهٔ زارم مکن زین نوع بیدادی

به جان آمد دلم دیگر ز غم خوردن به جان آمد
بگو آخر عزیز من علی رغمم چرا شادی

مرا بار غمت بر دل بسی بود ای بت مه روی
چرا داغی ز هجرانم دگر بر سینه بنهادی

I AM STILL DRUNK THAT YOU WERE HERE

هنوز از بادهٔ وصل تو مستم
که می گیرد به جامی باز دستم
چو چشم ناتوانت ناتوانم
چو لعل می پرستت می پرستم
ز باد صبحدم هر دم پیامی
به نزد یار مسکین مو فرستم
که از بوی سر زلفت نگارا
به سان آهوی تا تار هستم
ز پا افتاده ام از دست هجران
بگیر آخر ز وصل خویش دستم
من آشفتهٔ بی دل، دل و جان
به دام زلف و سودای تو بستم
به هجرانم ز دیده خون گشادی
به دام زلف کردی پای بستم
به دل بودم ز غم بسیار باری
به حمدالله کز آن غم باز رستم

I KNOW YOU THINK THAT THERE ARE OTHER FRIENDS FOR ME THAN YOU:

ای که پنداری که ما را جز تو یاری هست نیست
یا مرا غیر از غم عشق تو کاری هست نیست

دستم از غم گیر ای دلبر که افتادم ز پای
زآنکه ما را در جهان جز تو نگاری هست نیست

گر چو چنگم می زنی ور می نوازی همچو نی
ای که خواهی گفت ما را از تو عاری هست نیست

بار بسیار است بر جان من مسکین ز غم
هیچ باری چون غم هجرانت باری هست نیست

چشم مستش برد خواب از چشم بیداران ولیک
همچو زلف سرکش او بی قراری هست نیست

گر تو گویی بر دلم از تو جفایی نیست هست
در بلای عشق چون من بردباری هست نیست
بندگان بسیار داری در جهان بهتر ز من
بندهٔ بیچاره باری در شماری هست نیست

HOW LONG WILL HEAVEN'S HEARTLESS TYRANNY

این جور و جفای چرخ تا چند
دارد دل خاص و عام دربند

از حادثهٔ زمانه باری
بیخ شجر امید برکند

از باغ دل جهان تو گویی
هر برگ به گوشه‌ای پراکند

سرو چمن مراد جانها
دست ستمش ز پا بیفکند

فریاد ز دست چرخ فریاد
بیداد به جان ما بگو چند

وین دل چه کنم که از عزیزان
با درد و غم تو نشنود پند

وین گوش زمانه‌اش تو گویی
کز پنبهٔ غفلتش بیاکند

LAST NIGHT I DREAMED I SAW WITH FORTUNE'S EYES

دوش درخواب چنان دید دو چشم بختم
که دگر گلشن امیّد من آراسته بود

از گل و لاله جهان خرّم و آنگه به کنار
دوست بنشسته و دشمن به میان خاسته بود

بدر شد ماه امید من و روشن دل گشت
گرچه از جور محاق فلکی کاسته بود

شکر معبود همی کردم و گفتم آخر
برسید آنچه دل من ز خدا خواسته بود

THE ROSES HAVE ALL GONE; "GOODBYE," WE SAY; WE MUST;

گل رفت وداع گل ز جان باید کرد
از خلق جهان مرا نهان باید کرد

کنجی و کتابی و نگار و لب جام
درخور چو چنین است چنان باید کرد

Jahan Malek Khatun • 181

HERE, IN THE CORNER OF A RUINED SCHOOL

به کنج مدرسه‌ای کز دلم خراب‌ترست
نشسته‌ام من مسکین بی‌کس درویش

هنوز از سخن خلق رستگار نیم
به بحر فکر فرورفته‌ام ز طالع خویش

دلم همیشه از آن روی پر زخونابست
که می‌رسد نمک جور بر جراحت ریش

مرا نه رغبت جاه و نه حرص مال و منال
گرفته‌ام به ارادت قناعتی در پیش

ندانم از من خسته‌جگر چه می‌خواهند
چو نیست با بد و نیکم حکایت از کم و بیش

I SWORE I'D NEVER LOOK AT HIM AGAIN

گفتم که دگر چشم به دلبر نکنم
صوفی شوم و گوش به منکر نکنم

دیدم که خلاف طبع موزون منست
توبت کردم که توبه دیگر نکنم

YOU WANDERED THROUGH MY GARDEN, NAKED AND ALONE

در باغ برهنه گشتی ای شاهد شنگ
رفت از رخ گل ز شرم اندام تو رنگ
اندام تو چون آب حیاتست و دلت
در سینهٔ سیمین تو پیداست چو سنگ

WHEREVER MY EYES LOOK I SEE YOUR IMAGE THERE,

در دیده خیال تست ما را همه جا
هستیم ز بیم هجر در خوف و رجا
صبرم ز رخ خویش همی فرمایی
صبر و دل من بگو کجا تا به کجا

LAST NIGHT, MY LOVE, MY LIFE, YOU LAY WITH ME,

من دوش قضا یار و قدر پشتم بود
نارنج زنخدان تو در مشتم بود
دیدم که همی گزنم لب شیرینت
از خواب پریدم سر انگشتم بود

MY LOVE'S AN ACHE NO OINTMENTS CAN ALLAY NOW;

مشکل که به درد عشق درمانم نیست
جز آتش هجران تو در جانم نیست
گفتم که مگر به هجر صبرم باشد
روزی ز تو ای نگار امکانم نیست

I TOLD MY HEART, "I CAN'T ENDURE THIS TYRANNY!

ای دل ستم از یار جفا پیشه بسیست
دل بر غم او منه که او هیچ کسیست
بحریست دل نازک تو بی پایان
انگار که در بحر ضمیر تو خسیست

MY HEART, SIT DOWN, WELCOME LOVE'S PAIN,

ای دل بنشین و با غم یار بساز
چون گل بشدت ز دست با خار بساز
دل گفت از این بیش نمی یارم ساخت
گفتم چه کنی برو به ناچار بساز

I FEEL SO HEART-SICK. SHOULD MY DOCTOR HEAR,

بر درد دلم طبیب ار آگاه شود
بیچاره قرین ناله و آه شود
ای دوست علاج درد بیماران ساز
تا درد سر طبیب کوتاه شود

YOUR FACE'S ABSENCE LEAVES MINE WAXY-WHITE,

زردم ز فراق روی دلدار چو شمع
تا کی بودم دیدهٔ خونبار چو شمع
تو خفته و من خراب و گریان همه شب
تا صبح به بالین تو بیدار چو شمع

I'M LIKE THE MOTH THAT FLUTTERS ROUND A LIGHT,

پروانه‌صفت پیش تو در پروازم
در پای تو از عشق تو سر می‌بازم
چون شمع در اشتیاق رویت صنما
می‌سوزم و می‌گدازم و می‌سازم

ALWAYS, WHATEVER ELSE YOU DO, MY HEART,

زنهار بکوش تا توانی ای دل
در کوی وفا و مهربانی ای دل
دلدارم اگرچه بی‌وفا دلداریست
باشد که نکو شود چه دانی ای دل

MY HEART, IF YOU HAVE WORDS YOU NEED TO SAY,

ای دل به جهانت ار بود راز و نیاز
زنهار مکن تو هیچکس محرم راز
از کس مطلب یاری و در پنج نماز
بر درگه او رو که بود دائم باز

WHAT HAS THIS LIFE WE LONG FOR GIVEN ME? TELL ME.

از عمر عزیز حاصلم چیست بگو
غمخوار مرا در این جهان کیست بگو
نه روز و نه روزگار و نه خان و نه مان
تا چند بدین نوع توان زیست بگو

WHEN SOMEONE IS IMPRISONED FOR A WHILE

اگر به بند زمانه کسی شود محبوس

زحال او بنمایند مردم استفسار

منم که گر به غلط چون کسی برد نامم

هزار بار بگوید ز ترس استغفار

A PICNIC AT THE DESERT'S EDGE, WITH WITTY FRIENDS,

با ندیمان خوش وصحبت یاران لطیف

خوش بود دامن صحرا و دف و چنگ و رباب

به وصال خودم ار یار دمی بنوازد

کنم از آتش سینه جگر خویش کباب

TO SEE THE BLOSSOM OF HIS FACE, MY HEART — HOW SWEET;

ای دل گل روی یار دیدن چه خوش است

وز لعل لبانش بوسه چیدن چه خوش است

یک لحظه وصال او به بازار غمش

دل کرده فدا به جان خریدن چه خوش است

A HAPPY HEART'S THE PLACE FOR PLANS AND PIETY,

تدبیر و صواب از دل خوش باید جست

سرمایهٔ عافیت کفافیست نخست

شمشیر قوی نیاید از بازوی سست

یعنی ز دل شکسته تدبیر درست

IF I CAN'T EVEN GET BEYOND YOUR DOOR,

تا بر درت ای دوست مرا باری نیست
مشکلتر از این بر دل من باری نیست
گر نیست تو را شوق مرا باری هست
ور هست تو را صبر مرا باری نیست

PITY THE WRETCH, FORCED FROM HER NATIVE LAND,

بیچاره کسی که از وطن دور شود
از صحبت یار خویش مهجور شود
تنها و به دست دشمنان گشته اسیر
بی برگ و جگرخسته و رنجور شود

SHALL I COMPLAIN OF ABSENCE? OF MY HEART? OR OF THE SKIES?

از دل نالم یا ز فلک یا ز فراق
یا آنکه شدم ز صبر و از طاقت طاق
جانم به لب آمد از جفای گردون
وز صحبت دوستان با شَید و نفاق

LAUGHING, THE ROSE SAID TO THE NIGHTINGALE ONE DAY,

گل گفت به خنده صبحدم با بلبل
تا کی بود از تو در جهان این غلغل
من می‌روم و بار سفر می‌بندم
بیچاره مکن تو خوی با صحبت گل

MY ENEMIES' GLIB LIES ARE NEVER DONE –

از تهمت خصم نیستم آسوده
تا چند مرا طعنه زند نابوده
حال من بیچاره مثال گرگست
یوسف ندریده و دهن آلوده

SHIRAZ WHEN SPRING IS HERE –
WHAT PLEASURE EQUALS THIS?

شیراز خوش است خاصه در فصل بهار
وآنگه لب جوی و لب جام و لب یار
آواز دف و چنگ و نی و عود و رباب
اینها همه با نگار کی شیرین کار

Obayd-e Zakani

در علم و هنر مشو چو من صاحب فن
تا نزد عزیزان نشوی خوار چو من

خواهی که شوی قبول ارباب زمن
کنگ آور و کنگری کن و کنگره زن

I'VE SET OUT FROM SHIRAZ, I'VE PUT

رفتم از خطهٔ شیراز و به جان در خطرم
وه کز این رفتن ناچار چه خونین جگرم

می‌روم دست زنان بر سر و پای اندر گل
زین سفر تا چه شود حال و چه آید به سرم

گاه چون بلبل شوریده درآیم به خروش
گاه چون غنچهٔ دل تنگ گریبان بدرم

من از این شهر اگر بر شکنم در شکنم
من از این کوی اگر بر گذرم در گذرم

خبر راه مپرسید و مرا بر سر راه
ای رفیقان بگذارید که من بی‌خبرم

بی‌خود و بی‌دل و بی‌یار ز شیراز برون
می‌روم وز سر حسرت به قفا می‌نگرم

قوت دست ندارم که عنان می‌گیرم

خبر از پای ندارم که زمین می‌سپرم

این چنین زار که امروز منم در غم عشق

قول ناصح نکند چاره و پند پدرم

ای عبید این سفری نیست که من می‌خواهم

می‌کشد دهر به زنجیر قضا و قدرم

MY HURT HEART'S TALES, MY NIGHTS' TRAVAILS, AH, WHERE

قصهٔ درد دل و غصهٔ شب های دراز

صورتی نیست که جایی بتوان گفتن باز

محرمی نیست که با او به کنار آرم روز

مونسی نیست که با وی به میان آرم راز

در غم و خواری از آنم که ندارم غمخوار

دم فروبسته از آنم که ندارم دمساز

خود چه شامی است شقاوت که ندارد انجام

یا چه صبح است سعادت که ندارد آغاز

بی نیازی ندهد دهر خدایا تو بده

سازگاری نکند خلق خدایا تو بساز

از سر لطف دل خستهٔ بیچاره عبید

بنواز ای کرم عام تو بیچاره نواز

HERE IN OUR CORNER, WRETCHED AND UNDONE,

افتاده ایم تنها در کنج بی نوایی
آسوده از تنعّم ایمن ز کدخدایی

ترک جهان گرفته دست از زمانه شسته
نه با کسی تعلّق نه با کس آشنایی

دل بر وفا نهاده با دوستان جانی
خاطر ملول گشته از صحبت ریایی

نه در دماغ ما را سودای خودپرستی
نه در خیال ما را پروای پارسایی

با این شکسته حالی گر زهر خورده باشیم
از ناکسان نخواهیم تریاک مومیایی

خرم کسی که باشد با غم گرفته انسی
در ملک فقر کرده دعویّ پادشایی

همچون عبید فارغ در گوشه‌ای نشسته
نه فخرش از بزرگی نه عارش از گدایی

THE BREEZE OF MOSALLA, AND ROKNABAD'S

نسیم باد مصلّی و آب رکن آباد

غریب را وطن خویش می برد از یاد

زهی خجسته مقامی و جان فزا ملکی

که باد خطّهٔ عالیش تا ابد آباد

به هر طرف که روی نغمه می کشد بلبل

به هر چمن که رسی جلوه می کند شمشاد

به هر که درنگری شاهدی است چون شیرین

به هر که برگذری عاشقی است چون فرهاد

در این دیار دلم شهربند دلداری است

که جان به طلعت او خرّم است و خاطر شاد

سرم هوای وطن می پزد ولیک دلم

ز بند زلف سیاهش نمی شود آزاد

زجور سنبل کافرمزاج او افغان
زدست نرگس جادوفریب او فریاد

غنیمت است غنیمت شمار فرصت عیش
که تن ضعیف نهاد است و عمر بی بنیاد

بگیر دامن یاری و هرچه خواهی کن
بنوش بادهٔ صافی و هرچه بادا باد

به سوی باده و نی میل کن چو می گویند
جهان برآب نهاده است و آدمی بر باد

خوش است ناز و نعیم جهان ولی چو عبید
غلام همت آنم که دل براو ننهاد

IF THAT FULL MOON WERE TRUE AND GOOD,

گر آن مه را وفا بودی چه بودی

ورش ترس از خدا بودی چه بودی

دمی خواهم که با او خوش برآیم

اگر او را رضا بودی چه بودی

دلم را از لبش بوسی است حاجت

گر این حاجت روا بودی چه بودی

بتی کز وی به خود پروا ندارم

گرش پروای ما بودی چه بودی

اگر روزی به لطف آن پادشا را

نظر بر این گدا بودی چه بودی

خرد گر گرد من گشتی چه گشتی

وگر صبرم به جا بودی چه بودی

به وصلش گر عبید بی‌نوا را

سعادت رهنما بودی چه بودی

DEVIL, AND THEN ANGEL – IS IT THE SAME YOU?

ای کیر گاه دیوی و گاهی فرشته‌ای
آخر چه خوانمت ز چه جوهر سرشته‌ای
بر روی روزگار کس و کون هیچ کس
ایمن رها نکرده و سالم نهشته‌ای
در هیچ حلقه نیست که ذکرت نمی‌رود
در هیچ بقعه نیست که تخمی نکشته‌ای

I'M OFF TO STROLL THROUGH THE BAZAAR – AND THERE

خیزم سوی بازار گذاری بکنم
باشد که دگرباره شکاری بکنم
یا قحبه‌ای آورم به کف یا گنگی
باشد که ازاین دو کار کاری بکنم

THIS TOOL OF MINE THAT'S TALLER THAN OUR MINARET

این کیر که از مناره شد بالاتر
وز کیر خطیب شهر شد خرگاتر
هر چند که من سست‌تر او محکم‌تر
هر چند که من پیرتر او برناتر

I'D LIKE A BOY TO FUCK – BUT I CAN'T PAY;

زر نیست که قصد کون نازی بکنیم
یا باده که عیش دل‌نوازی بکنیم
چون مایهٔ فسق نیست چیزی حاضر
برخیز که ناچار نمازی بکنیم

I'VE DEBTS, AND NOTHING ELSE: ENDLESS

مرا قرض هست و دگر هیچ نیست
فراوان مرا خرج و زر هیچ نیست
جهان گو همه عیش و عشرت بگیر
مرا زین حکایت خبر هیچ نیست
هنر خود ندارم و گر نیز هست
چو طالع نباشد هنر هیچ نیست
عنان ارادت چو از دست رفت
غم و فکر و بوک و مگر هیچ نیست
به درگاه او التجا کن عبید
که این رفتن در به در هیچ نیست

MY HEART STILL HANKERS AFTER HER,

دل در پی وصل دلبران است هنوز
وز عمر گذشته در گمان است هنوز
گفتیم که ما و او به هم پیر شویم
ما پیر شدیم و او جوان است هنوز

SOME ARE ON FIRE FOR FAITH'S SAKE, SOME TO SEE

قومی زپی مذهب و دین می‌سوزند
قومی زبرای حورعین می‌سوزند
من شاهد و می دارم و باغی چو بهشت
و ایشان همه در حسرت این می‌سوزند

AFTER FORTY YOUR SPRIGHTLY DAYS ARE DONE,

بعد از چهلت نشاط چُستی نبود
بعد از پنجاه غیر سستی نبود
در شصت امید خوش دلی نتوان داشت
بعد از هفتاد تن درستی نبود

WHERE IS SHIRAZ'S WINE, THAT BURNED OUR GRIEF

کو عشرت شیراز و می انده سوز
وان شاهدکان چابک بزم افروز
فردا به بهشت ار می و شادی نبود
دوزخ باشد چنان که شیراز امروز

HER PUSSY HAD THE KINDNESS TO INVITE

دی کرد کسش تواضعی با کیرم
از بی ادبی نخاست از جا کیرم
گشتم ز کسش خجل به نوعی که مپرس
برخوردار از عمر مبادا کیرم

O GOD, SOLE HELP OF MEN IN MISERY,

ای آن که بجز تو نیست فریادرسی
غیر از کرمت نداد کس دادکسی
کار من مستمند بی چاره بساز
کان بر تو به هیچ آید و بر ماست بسی

MY PRETTY DEAR, YOU'RE STILL TOO YOUNG TO MAKE

جانا تو را هنوز بدین حسن و این جمال
نه وقت حج رسیده و نه توبه درخور است
گر در پی ثوابی و در بند آخرت
بشنو حدیث بنده که این رای بهتر است
برگیر من سوار شو از روی اعتقاد
کان با هزار حجّ پیاده برابر است

PUSSY REMARKED, "THIS PRICK'S A MASTERPIECE,

کس گفت که کیر را خوش انگیخته‌اند
وان خایه به زیر او خوش آویخته‌اند
گویی که مگر ز فرق سر تا پایش
در قالب آرزوی ما ریخته‌اند

THIS NONSENSE-SPOUTING DOCTOR COULDN'T SEE

در عمر خود این طبیبک هرزه مقال
بیمار ندید یا بکشتش در حال
دیشب ملک الموت در آمد گفتش
یک روز بخر آنچه فروشی همه سال

I'LL FIX THIS HANGOVER, THEN FIND A WHORE

برخیزم و چارهٔ خماری بکنم
پس بر در قحبه‌ای گذاری بکنم
یا کیر به کون دربرمش یا درکس
باشد که از این دو کار کاری بکنم

IT'S SUMMER, AND MY PRICK'S TOO HOT TODAY,

کیرم که در این تموز شد تاب زده
سرخوش شده است و بادهٔ ناب زده
در حجرهٔ کس می برمش کان خلوت
جایی است فراخ و خنک و آب زده

MY PRICK'S A CYPRESS THAT GROWS TALL AND STRAIGHT

این کیر که سرو جوی بار کس توست
پیوسته ندیم و غم گسار کس توست
برخیز و بیا که دیر که می‌گذرد
تا استاده در انتظار کس توست

RAMADAN'S COME — THE TIME FOR PASSING WINE AROUND

آمد رمضان و موسم باده برفت
دور می سرخ و زنخ ساده برفت
هر باده که داشتیم ناخورده بماند
هر قحبه که یافتیم ناگاده برفت

ALTHOUGH THE ASS CAN BE ENTICING AND ATTRACTIVE

هر چند که کون لطف و صفایی دارد
گندیده هوا و تنگ جایی دارد
هم کس که در او آب و علف بسیار است
وان عرصهٔ او فراخنایی دارد

AN INDIVIDUAL FUCKED WITH ALL HIS MIGHT

کس بکری به دست شخصی افتاد
در آن حالت که او را سخت می گاد
به کیر محکم آن سوراخ می سفت
کس آن دخترک با کیر می گفت
چه خوش باشد که بعد از انتظاری
به امّیدی رسد امّیدواری

WELL, ONCE UPON A TIME, IN DRIBS AND DRABS,

پیش از این از ملک هر سالی مرا
خرده‌ای از هر کناری آمدی
در وثاقم نان خشک و تره‌ای
در میان بودی چو یاری آمدی
گه گهی هم باده‌ای حاضر شدی
گر ندیمی یا نگاری آمدی
نیست در دستم کنون از خشک و تر
زانچه وقتی در شماری آمدی
غیر من در خانه‌ام چیزی نماند
هم نماندی گر به کاری آمدی

TRY HARD TO HAVE MEN MAKE A FUSS OF YOU

می کوش که تا ز اهل نظر خوانندت
وز عالم راز با خبر خوانندت
گر خیر کنی فرشته خوانند تو را
ور میل به شر کنی بشر خوانندت

THE LESSON TO BE LEARNED FROM THE END OF KING SHEIKH ABU ES'HAQ

عبرت از عاقبت کار شاه شیخ ابواسحاق

سلطان تاجبخش جهاندار امیر شیخ
کاوازهٔ سخاوت وجودش جهان گرفت

شاهی چو کی قباد وچو افراسیاب کرد
کشور چو شاه سنجر و شاه اردوان گرفت

پشتیّ دین به قوّت تدبیر پیر کرد
روی زمین به بازوی بخت جوان گرفت

در عیش ساز و عادت خسرو بنا نهاد
در عدل رسم وشیوهٔ نوشیروان گرفت

ایوان و قصر و جنّت فردوس برفراشت
در وی نشست شاد و قدح چون کیان گرفت

هر بنده‌ای که در بر او جایگاه یافت
خود را امیر وخسرو و صاحب قران گرفت

بنگر که روزگار چه بازی پدید کرد
نکبت چگونه دولت او را عنان گرفت

جوشی بزد محیط بلا و ز ناگهان
ملک و خزانه و پسرش در میان گرفت

تا سوز گریه‌ای که به هم برزد آن بنا
یا دود ناله که در آن دودمان گرفت

کان بوستان سرای که آیین و رنگ و بوی
خلد برین ز رونق آن بوستان گرفت

اکنون بدان رسید که بر جای عندلیب
زاغ سیه‌دل آمد و در وی مکان گرفت

قصری که برد فرّخی از فرّ او همای
سگ بچه کرد در وی و جغد آشیان گرفت

در کار روزگار و ثبات جهان عبید
عبرت هزار بار از این می توان گرفت

بیچاره آدمی چو ندارد به هیچ حال
نه بر ستاره دست و نه بر آسمان گرفت

خوش وقت مقبلی که دل اندر جهان نبست
واسوده خاطری که ز دنیا کران گرفت

CAT AND MOUSE

موش و گربه

ای خردمند عاقل و دانا
قصهٔ موش و گربه برخوانا
قصهٔ موش و گربهٔ منظوم
گوش کن همچو درّ غلطانا
از قضای فلک یکی گربه
بود چون اژدها به کرمانا
شکمش طبل و سینه‌اش قاقم
ابرویش قوس و تیر مژگانا
از غریوش به وقت غرّیدن
شیر درّنده شد هراسانا
سر هر سفره چون نهادی پای
شیر از وی شدی گریزانا
روزی اندر شرابخانه شدی
از برای شکار موشانا

در پس خُم می نمود کمین

همچون دزدی که در بیابانا

ناگهان موشکی ز دیواری

جست بر خمّ می خروشانا

سر به خُم برنهاد و می نوشید

مست شد همچو شیر غرآنا

گفت: کو گربه تا سرش بکنم

پوستش پر کنم ز کاهانا

گربه این را شنید و دم نزدی

چنگ و دندان زدی به سوهانا

ناگهان جست و موش را بگرفت

چون پلنگی شکار کوهانا

موش گفتا که من غلام توام

عفو کن از من این گناهانا

گربه گفتا دروغ کمتر گوی

نخورم من فریب و مکرانا

می‌شنیدم هرآنچه می‌گفتی

آروادین قحبه نامسلمانا

گربه آن موش را بکشت و بخورد

سوی مسجد شدی خرامانا

دست و رو را بشست و مسح کشید

ورد می‌خواند همچو ملّانا

بارالها که توبه کردم من

ندرم موش را به دندانا

بهر این خون ناحق ای خلّاق

من تصدق دهم دو من نانا

آنقدر لابه کرد و زاری کرد

تا به حدّی که گشت گریانا

موشکی بود در پس منبر

زود برد این خبر به موشانا

مژدگانی که گربه تائب شد

زاهد و عابد و مسلمانا

بود در مسجد آن ستوده خصال

در نماز و نیاز و افغانا

این خبر چون رسید بر موشان

همه گشتند شاد و خندانا

هفت موش گزیده برجستند

هر یکی کدخدا و دهقانا

برگرفتند بهر گربه زمهر

هر یکی تحفه های الوانا

آن یکی شیشهٔ شراب به کف

وان دگر برّه های بریانا

آن یکی طشتکی پر از کشمش

وان دگر یک طبق ز خرمانا

آن یکی قالب پنیر به دست

وان دگر حقهٔ نمکدانا

آن یکی خوانچهٔ پلو بر سر

افشره آب لیمو عمّانا

نزد گربه شدند آن موشان

با سلام و درود و احسانا

عرض کردند با هزار ادب

کای فدای رهت همه جانا

لایق خدمت تو پیشکشی

کرده ایم این قبول فرمانا

گربه چون موشکان بدین بخواند

رِزقُکُم فِی السَّماءِ حَقّانا

من گرسنه بسی بسر بردم

رزقم امروز شد فراوانا

روزه بودم به روزهای دگر

از برای رضای رحمانا

هر که کار خدا کند به یقین

روزیش می‌شود زیادانا

بعد از آن گفت: پیش فرمائید

قدمی چند ای رفیقانا

موشکان جمله پیش می‌رفتند

تنشان همچو بید لرزانا

ناگهان گربه جست بر موشان

چون مبارز به روز میدانا

پنج موش گزیده را بگرفت

هر یکی کدخدا و ایلخانا

دو بدین چنگ و دو بدان چنگال

یک به دندان چو شیر غرّانا

آن دو موش دگر که جان بردند

زود بردی خبر به موشانا

که چه بنشسته اید ای موشان
خاکتان بر سر ای جوانانا
پنج موش رئیس را بدرید
گربه با چنگها و دندانا
موشکا ن را ازین مصیبت و غم
شد لباس همه سیاهانا
خاک بر سر کنان همی گفتند
ای دریغا رئیس موشانا
بعد ازان متفق شدند که ما
می رویم پای تخت سلطانا
تا به شه عرض حال خویش کنیم
از ستم های خیل گربانا
شاه موشان نشسته بود به تخت
دید از دور خیل موشانا
همه کردند کُرنش و تعظیم
کای تو شاهنشهی به دورانا

گربه کرده است ظلم بر ماها
ای شهنشه اُولُم ، به قربانا
سالی یک دانه می گرفت از ما
حال حرصش شده فراوانا
این زمان پنج پنج می گیرد
چون شده تائب و مسلمانا
درد دل چون به شاه خود گفتند
شاه فرمود: کای عزیزانا
من تلافی به گربه خواهم کرد
که شود داستان به دورانا
بعد یک هفته لشکری آراست
سیصد و سی هزار موشانا
همه با نیزه ها و تیر و کمان
همه با سیف های برّانا
فوج های پیاده از یک سو
تیغ ها درمیانه جولانا

چون که جمع آوریِ لشکر شد

از خراسان و رشت و گیلانا

یکه موشی وزیر لشکر بود

هوشمند و دلیر و فطّانا

گفت: باید یکی ز ما برود

نزد گربه به شهر کرمانا

یا بیا پای تخت در خدمت

یا که آماده باش جنگانا

موشکی بود ایلچی ز قدیم

شد روانه به شهر کرمانا

نرم نرمک به گربه حالی کرد

که منم ایلچی ز شاهانا

خبر آورده‌ام برای شما

عزم جنگ کرده شاه موشانا

یا برو پای تخت در خدمت

یا که آماده باش جنگانا

گربه گفتا که شاه که خورده
من نیایم برون ز کرمانا
لیکن اندر خفا تدارک کرد
لشکر مُعظَمی ز گربانا
گربه های براق شیرشکار
از صفاهان و یزد و کرمانا
لشکر گربه چون مهیّا شد
داد فرمان به سوی میدانا
لشکر موشها ز راه کویر
لشکر گربه از کهستانا
در بیابان فارس هر دو سپاه
رزم دادند چون دلیرانا
جنگ مغلوبه شد در آن وادی
هر طرف رستمانه جنگانا
آن قَدَر موش و گربه کشته شدند
که نیاید حساب آسانا

حمله‌ای سخت کرد گربه چو شیر
بعد از آن زد به قلب موشانا

موشکی اسب گربه را پی کرد
گربه شد سرنگون ز زینانا

الله الله فتاد در موشان
که بگیرید پهلوانانا

موشکان طبل شادیانه زدند
بهر فتح و ظفر فراوانا

شاه موشان بشد به فیل سوار
لشکر از پیش و پس خروشانا

گربه را هر دو دست بسته بهم
با کلاف و طناب و ریسمانا

شاه گفتا: به دار آویزند
این سگ رو سیاه نادانا

گربه چون دید شاه موشان را

غیرتش شد چو دیگ جوشانا

همچو شیری نشست بر زانو

کند آن ریسمان به دندانا

موشکان را گرفت و زد به زمین

که شدندی به خاک یکسانا

لشکر از یک طرف فراری شد

شاه از یک جهت گریزانا

از میان رفت فیل و فیل سوار

مخزن و تاج و تخت و ایوانا

هست این قصهٔ عجیب و غریب

یادگار عبید زاکانا

جان من پند گیر ازین قصّه

که شوی در زمانه شادانا

غرض از موش و گربه برخواندن

مدّعا فهم کن پسر جانا